よくある子どもの

体調変化

毎日の園生活の中で子どもに起こりやすい体調の変化についてまとめています。一人一人の変化にすばやく気づくことが、病気の重症化を防ぐことにつながります。

熱が出た

発熱したときは、熱の高さだけで判断せず、
ほかの症状とあわせて確認することが大切。
症状を見極め、落ち着いて対処しましょう。

ぽ〜

急ぎ病院へ

● **脱水の症状を起こしている**
尿の量や回数が減っている、顔色が悪く
だるそうにしている、半日以上水分をと
れないといったときは、脱水の疑いがあ
ります。急ぎ小児科へ。

● **下痢やおう吐を繰り返している**
何度も下痢やおう吐を繰り返していると
きは、体力を消耗して脱水を起こす危険
があります。急ぎ小児科へ。

● **呼吸が苦しそう**
ハアハアと呼吸が荒く、苦しそうにして
いるときは、急ぎ小児科へ。

● **唇やつめが青紫色になっている**
唇やつめが青紫色になっているときは酸
素不足です（チアノーゼの状態）。急ぎ小
児科へ。

こんなときは救急車を！

● 意識がない
● 手や足をつねっても反応がない
● 10分以上（0歳児は5分以上）
　けいれんが続いている

保護者への伝達

日中は微熱でも、油断しないで

子どもの熱は夜にかけて上がりやすい
傾向にあります。たとえ保育中は微熱
程度であっても、保護者には熱の高さ
や機嫌、食べたものや量などを具体的
に伝えることが大切です。油断すると、
夜に熱が上がることもあります。お迎
え後は外出は控えて、家で静かに過ご
してもらいましょう。

※病院に行く前に、必ず保護者に連絡をします。保護者に病院を受診してもらうのが望ましいのですが、急ぐときは保
育者が連れていきましょう。

熱の上がり始めは

1 体を温める

熱の上がり始めは、寒さを感じます。子どもの顔色が悪い、手足が冷たい、震えているといったときは、服や布団を1枚多くはおって温めます。

2 汗をかいたら着替えを

汗は冷えの原因に。子どもの背中を触り汗ばんでいたら、肌着もすべて取りかえましょう。着せすぎ、布団のかけすぎには注意を。

3 様子を見て水分補給

汗で水分が失われるので、様子を見て白湯をひと口ずつ飲ませます。いやがるときは、熱が上がりきるのを待ってから与えます。

家庭での ケア アドバイス

解熱剤の使用には注意を

解熱剤や座薬はむやみに使わないことが大切。熱はウイルスなどから体を守る防御反応なので、薬で無理に下げるのはおすすめしません。熱で眠れない、水分がとれないという以外は、積極的に使う必要はありません。以前に処方された薬を飲むのもいけません。受診して医師から薬を処方してもらい、使い方も指示に従いましょう。

熱が上がりきったら

1 1枚脱がせて涼しくする

全身が熱くなり顔がほてってきたら、熱が上がりきったサイン。1枚脱がせたり、布団を減らしたりして涼しくします。

2 体を冷やす

保冷剤をタオルで巻いて、脇の下や足の付け根に当てます。

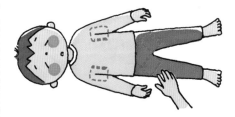

3 こまめに水分補給を

熱が下がった後も、脱水に注意を。3時間おきを目安に、白湯や麦茶などを飲ませます。

おう吐した

子どもは比較的よく吐くもの。心配ないことが多いものですが、一日に何度も吐いて、吐いた後に元気がないときは注意が必要です。

子どもの様子をチェック！

急ぎ病院へ

- 意識がもうろうとして、ぐったりしている
- 頭痛や発熱を伴っている
- 激しく泣き、きげんが悪い
- おう吐を繰り返し、下痢を伴っている
- けいれんを起こしている
  感染症や重い病気を引き起こしている可能性があります。急ぎ小児科へ。
- 緑色の胆汁や、血液が混じっている
  内臓に疾患があることが考えられます。急ぎ小児科へ。
- おしっこが出ない、唇が乾燥している
  脱水を起こしている可能性があるので、急ぎ小児科へ。
- 吐く前に頭やおなかを打っている
  頭やおなかを強打すると、しばらくたってから吐くことがあります。急ぎ小児科へ。

保育者は注目！

おう吐物の処理は注意して

おう吐物には、感染症の原因になるウイルスなどが混ざっていることがあります。おう吐物にはすばやく新聞紙などをかぶせてふき取り、さらに消毒液でその場をふきます。おう吐物をふいた紙などは、感染のおそれがあるので、ビニール袋に入れてすぐに廃棄しましょう。処理後はせっけんで手を洗うことも大切です（p.162）。

保護者への伝達

おう吐の様子は詳しく伝える

保護者には、おう吐した回数や時間、内容物、子どもの様子をできるだけ詳しく伝えることが大切です。また、受診する際には、医師にも伝えてもらうようお願いをしましょう。

1 背中をさすって気持ちを静める

子どもの姿勢を少し前かがみにし、背中をさすります。この姿勢で15～30分程度様子を見ます。

2 口をすすぎ、着替える

うがいで口の中をさっぱりさせて、服が汚れていたら着替えます。においが残っていると、おう吐を誘発するので注意しましょう。

3 安静にする

横向きにして寝かせるか、上半身をやや起こした姿勢で安静に過ごします。

<横向き>

<上体をやや起こす>

4 水分補給をする

吐き気が落ち着いたら、白湯などをひと口ずつゆっくり与えて、水分を補給します。

<乳児>

<幼児>

これは **NG**

おう吐のときに避けたいもの

乳製品

炭酸飲料

刺激の強いもの

辛い食べ物

これは **OK**

おう吐のときに口にしてよいもの

白湯

麦茶

野菜スープ

子ども用のイオン飲料

下痢をした

子どもは、腸が十分に発達していないため、下痢をしやすいもの。普段の便との違いはないか、発熱などがないか、確認しましょう。

子どもの様子をチェック！

急ぎ病院へ

- **下痢が続き、おう吐を繰り返す**
- **高熱があり、激しくおなかを痛がる**
  感染性胃腸炎（p.160）などの感染症にかかっている疑いがあります。注意深く便を処理して、急ぎ小児科へ。
- **赤・黒・白色の便が出た**
  鮮やかな赤色をした便や、2回以上続く黒っぽい便、米のとぎ汁のような白っぽい便が出たときは、急ぎ小児科へ。
- **発熱があり、便に血が混じっていて、ぐったりしている**
  腸管出血性大腸菌感染症（p.156）の可能性があります。急ぎ小児科へ。。
- **脱水を起こしている**
  水分を受けつけない、目がくぼんでいる、唇が乾いている、普段よだれの多い乳児がよだれを出さなくなったときなどは、脱水の疑いがあります。急ぎ小児科へ。

こんなときは救急車を！

- **けいれんを起こしている**

保育者は注目！

離乳食が始まると、下痢になりやすい
離乳食が始まると、急に下痢を起こすことがあります。しかし、これは胃や腸がミルク以外のものを初めて消化するために起こる、便の変化です。少しゆるくても、黄色、茶色、緑色であれば心配はないでしょう。

保護者への伝達

元気があるなら普段の食事を
消化のよいものを食べさせることも大切ですが、おかゆばかりでは回復が遅れます。食欲が戻ってきたら、少しずつもとの食事に戻しましょう。

1 便の状態を確認

便がゆるいときは、色やにおいなどを確認。感染症の可能性も考えられるので、すみやかに便を処理します。

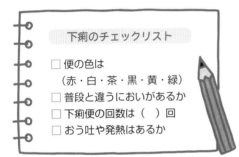

下痢のチェックリスト

□ 便の色は
　（赤・白・茶・黒・黄・緑）
□ 普段と違うにおいがあるか
□ 下痢便の回数は（　　）回
□ おう吐や発熱はあるか

2 おしりを洗って清潔にする

下痢便は刺激が強いので、おしりの皮膚がただれてしまいます。紙を使わずにシャワーで洗い流すと、痛みも少なく清潔です。おむつの場合は水滴を取り、しっかりふき取ってからかえましょう。

3 手洗い

下痢便には、感染症の原因となるウイルスや細菌が含まれている可能性もあります。トイレの後は、下痢をしている子どももちろん、介助をした保育者も手をせっけんで洗いましょう。おむつをかえたときは、その後さらに消毒用アルコールをすりこみます。

4 こまめに水分を補給

下痢をしていると、体内の水分が失われていきます。保護者の中には、水分をとらせると、かえって症状が悪化するのではないかと心配する人もいますが、脱水にならないためにも水分補給は大切です。最初はイオン飲料やリンゴジュースなどをひと口ずつ飲ませて、下痢がおさまってきたら、やわらかく煮たうどんやおかゆから食事を始めましょう。

＜飲み物＞　　　　　＜食べ物＞

おなかを痛がる

子どもは、別の場所に痛みがあるときでも「おなかが痛い」と言うことがあります。おなか以外の症状も確認することがポイントです。

ら〜ん

急ぎ病院へ

- **体を縮めて激しく泣く**
転げるように「く」の字になって激しく泣くようなときは、重大な病気が隠れている可能性があります。急ぎ小児科へ。

- **おう吐、下痢をしている**
感染性胃腸炎（p.160）の疑いがあります。急ぎ小児科へ。

- **血便が出た**
便に血が混ざっている、おしりをふいた紙に血がつくというときは急ぎ小児科へ。

- **おなかを打った後にずっと痛がる**
おなかを打った後ずっと痛がるようであれば、骨折や内出血の疑いも。急ぎ小児科か外科へ。

- **顔色が悪く、ぐったりしている**
風邪やインフルエンザなどの病気にかかっている、あるいはショック状態※を起こしている可能性が。急ぎ小児科へ。

こんなときは救急車を！

- **イチゴジャムのような便が出る、数分間隔で痛がる（腸重積の疑い）**
- **3時間以上痛がる（虫垂炎の疑い）**

📞 保護者への伝達

腸重積のサインが見られたら48時間以内に病院へ

腸重積は、腸の一部が重なって詰まってしまう病気のことで、生後3か月〜3歳くらいの子どもに多く見られます。発病から48時間以内なら高圧の浣腸で治りますが、それ以降になると手術しなくてはなりません。上記で示した腸重積のサインを覚えておき、心配なときはすぐに病院へ行くよう伝えましょう。

※ショック状態を引き起こすと、脈に触れにくくなったり、呼吸が浅くなったりします。

園での応急処置

2～3日便が出ていない

マッサージで腸を刺激

2～3日便が出ていない、便がころころしているというときは、便秘の可能性が。水分を与えてから子どもをあお向けにして、「の」の字を書くようにおなかをマッサージします。手は温めてから行いましょう。

保育者は注目！

左下の腹部の「かたいもの」に注意

子どもの「おなかが痛い」の原因で、最も多いのが便秘。ひどい子では、おなかの左下を触ると、かたいものに触れることがあります。それがおなかにたまった便です。症状を改善するためには、①朝食をきちんととる、②野菜をとる、③水をこまめに飲む、といったことが大切です。生活習慣の改善を、保護者と相談してみましょう。

腹痛以外に症状がない

やさしく抱きしめて

「おなかが痛い」と言っていても、ほかに目立った症状がないときは、精神的なことが原因かもしれません。そんなときは子どもをそっと抱きしめてみましょう。それだけで痛みが和らぎ、落ち着くことがあります。

保育者は注目！

痛みの裏にある「訴え」に気づいて

決まった時間になるとおなかを痛がるという場合も、精神的なことが原因になっていると考えられます。そんなときに「うそはダメ」としかっては逆効果。言葉にできない不安や寂しさなどを、ますます心に押しこめてしまいます。子どもの「おなかが痛い」は「こっち見て」というサインかもしれません。一日数分でもいいので、抱きしめたり、ゆったりかかわったりする時間をもってみましょう。

せきが止まらない

せきは気管にたまった異物や分泌物を追い出す防御反応です。風邪などの感染症のサインでもあり、せき以外の症状も確認しましょう。

急ぎ病院へ

- **ヒューヒュー、ゼイゼイとのどが鳴る**
  気管支ぜんそく（p.114）の可能性が。激しくせきこんだり、10 ～ 20 分しても症状がおさまらないときは、急ぎ小児科へ。

- **犬の遠ぼえのようなせき**
  クループ症候群（p.144）の疑いがあります。小児科へ。

- **ほかに体の異変がある**
  発熱して鼻水が出る、ゴホゴホしたせきが出て顔色が悪い、ぐったりしているというときは、気管支炎（p.94）や肺炎（p.96）の可能性も。急ぎ小児科へ。

- **元気な子どもが急にせきをし出したら**
  小さな食べ物や異物が気管に入って詰まることを誤嚥といい、せきこんだり、ゼイゼイしたりします。急ぎ小児科へ。

こんなときは救急車を！

- 呼吸困難を起こしている

保育者は注目！

呼吸困難のサインを知っておこう

せきを伴う病気（p.90 ～ 91・94 ～ 97）では、呼吸困難を起こすこともあります。命にかかわることもあるので、保育者はサインを知っておき、一つでも当てはまるときは、救急車を呼びましょう。

- ☐ 肩を大きく上下させて呼吸する
- ☐ 鎖骨の部分が、べこべこするような呼吸をする
- ☐ 呼吸が荒く、顔や手足の色が悪くなり、触ると冷たい
- ☐ 呼吸が荒く、唇やつめの色が青紫色になっている（チアノーゼの状態）
- ☐ 呼吸が速く、小鼻がぴくぴく動き、苦しそうにしている

園での応急処置

1 熱を測って、せきを観察

せきをしていたら、まずは熱を確認。せきや子どもの様子を観察します。

2 背中をさすり、呼吸を楽に

せきがひどいときは、背中をトントンしたり、さすったりします。たんが切れやすくなり、せきが和らぎます。

3 室温と湿度を調節

冷気や乾燥した空気は、せきを誘発します。安静にするときには子どもをエアコンから離します。そして湿度を50%前後に保ちましょう。

4 水分をとらせる

水分でのどをうるおして、呼吸を楽にします。常温の飲み物を、少量ずつゆっくり飲ませまるのがポイントです。刺激の強い柑橘系のジュースなどは、せきを誘発するので避けましょう。

5 室内を清潔に

室内のほこりやペットの毛などは、せきを誘うことも。せきをしている子は別室に移し、室内をきれいにします。

軽度のせきでも油断は禁物

それほどせきがひどくないときは、子どもは外であそびたがるかもしれません。しかし、室内との気温差や外のほこりが刺激になって、せきが悪化することがあります。せきが出るときは、なるべく外あそびはお休みしましょう。

11

頭を痛がる

頭が痛いと言えるようになるのは4～5歳ころ。風邪が原因であることが多いですが、病気や心理的な要因が隠れていることもあります。

子どもの様子をチェック！

急ぎ病院へ

● **おう吐や発熱があり、首を痛がる**
頭を痛がるほかに、おう吐、発熱、首の痛みがあるときは、髄膜炎（p.103）の可能性が。急ぎ小児科を受診します。

● **黄緑色の粘り気のある鼻水が出ている**
副鼻腔炎（p.101）の可能性があります。鼻づまりで食欲が落ちたり、眠れずに体調を崩したりするので、早めに小児科か耳鼻科の受診を。

● **頻繁に頭を痛がり、おう吐を伴う**
一か月の間に何度も頭を痛がり、そのときにおう吐もしているような場合は、片頭痛を起こしている可能性があります。髄膜炎との見分けが難しいので、おう吐があるときは、小児科か脳外科を受診しましょう。

こんなときは救急車を！

● 頭を強く打った後にひどく痛がる

保育者は注目！

首の痛みは「下向き」でチェック
子どもは「首が痛い」と言葉で訴えることはできません。首を上下に動かせない、あごを胸にくっつけられない、というようなときは要注意です。

保護者への伝達

家庭ではゆっくり安静に
ほかに症状が見られないときは、心や体の疲れが原因かも。外出は控えて親子でいっしょにおふろや布団に入るなど、ゆったり過ごしてもらいましょう。

園での応急処置

微熱や軽いせきがある

風邪の対処法を

微熱があったり、せきをしていたりするときは、風邪の疑いがあります。安静に寝かせて、寒がるようなら温めます（p.90）。

耳をしきりに触る

中耳炎を疑う

中耳炎が頭痛の原因になることもあります。一日に何度も耳を触るようならば、一度耳鼻科の受診をすすめましょう。放置すると慢性化するおそれもあります。

特別な症状がない

心理的な要因を探る

決まった時間に「頭が痛い」というときや、ほかに目立った症状がないときは、心理的なことが原因の可能性があります。何かに緊張していたり、ストレスを抱えていたりするかもしれません。

● 子どもに寄り添う

服を緩めて静かな場所でゆったり過ごす。

● 心理的な原因や背景を探る

妹が生まれたらしいよ

〇〇ちゃんの様子が最近気になって…

家庭環境に変化がないか、職員同士で話し合う。

けいれんしている

年齢が低い子どもほど、熱性けいれん（ひきつけ）を起こしやすいもの。経験が少ないとあわててしまいますが、保育者が冷静に対応することが必要です。

子どもの様子をチェック！

急ぎ病院へ

- **下痢やおう吐をしている**
  感染性胃腸炎（p.160）などの可能性があります。急ぎ小児科へ。
- **6か月未満、もしくは6歳以上である**
  てんかんの素因をもっている可能性があります。小児科の医師に正しい判断をあおぎましょう。
- **けいれん後も熱がある**
- **左右非対称にけいれんした**
- **体の一部がけいれんした**
- **前ぶれもなく突然けいれんした**

保育者は注目！

入園前に、けいれんについて確認を
以前熱性けいれん（ひきつけ）を起こしたことがある場合は、起きたときの体温や様子、注意点などを保護者に聞いておきましょう。

こんなときは救急車を！

- **頭を強く打った後にけいれんを起こした**
- **10分以上（0歳児は5分以上）けいれんが続いている**
- **1日に2回以上のけいれんを起こす**
- **けいれん後も意識がはっきりしない**
- **けいれんと同時に、吐いたり、頭を痛がったりするそぶりがある**（脳炎・髄膜炎などの疑い）

保護者への伝達

状況は細かく説明する
けいれんには熱性けいれん（ひきつけ）以外に重大な病気が隠れていることがあります。保護者にはけいれんを起こしたときの細かい状況を伝えましょう。

1 寝かせて衣服を緩める

平らなところに静かに寝かせ、衣服を緩めて呼吸を楽にします。吐いたものが気管に入らないように横向きにしましょう。

ボタンをはずす

帽子は脱がす

2 熱を確認する

可能なら体温計で熱を測ります。無理なら体を触って熱があるかどうか確認します。

<触って確認>

<電子体温計で確認>

3 けいれんの状態を確認

けいれんの様子を確認。下記のようなリストをつくっておくと、保護者に伝えたり、診断を受けたりするときの手助けになります。

けいれんのチェックリスト

□ 意識があるか（有・無）
□ 意識がなかった時間は（　分）
□ けいれんの継続時間は（　分）
□ けいれんしている部位は（一部・全身）
□ けいれん後の体温は（　度）
□ そのほかの状態は（例：白目をむいている、突然意識を失った後でおう吐したなど）

4 再度、熱を測る

けいれんがおさまったら、再び熱を測ります。けいれん後も熱があれば、すぐに病院を受診しましょう。

これは **NG**

けいれんを起こすと、歯をくいしばったり、あごをがくがくさせたりと、舌をかみ切りそうに見えることがあります。しかし、ガーゼを巻いた割りばしなどを口に入れるのは絶対にダメ。口の中を傷つけたり、おう吐物が詰まって窒息したりするなどの可能性があるので、そのまま落ち着くのを待ちます。

口やのどを痛がる

口やのどが痛むと子どもは不機嫌になり、食欲も落ちます。感染症などが隠れていることもあるので、主な症状を確認しましょう。

子どもの様子をチェック！

急ぎ病院へ

● **熱が高く、のどが真っ赤にはれている、のどに発しんがある**
咽頭結膜熱（p.140）や溶連菌感染症（p.154）などの感染症である可能性が。その日のうちに受診を。

● **ほおを痛がる**
流行性耳下腺炎（p.153）の可能性があります。小児科または耳鼻科へ。

家庭でのケアアドバイス

刺激の強い食事を避けて
口の中を痛がるときは、のどごしのよい野菜スープやうどんなどがおすすめです。普段より少しぬるめにすると、刺激が少なくなります。ミカンやグレープフルーツなどの柑橘類や、ビスケットなどのかたいものは、患部を強く刺激するので避けましょう。

園での応急処置

1　苦しそうなら、安静に

子どもが発熱したり、苦しそうにしたりしていたら、ひとまず安静に。保護者の迎えが来るまで安静にして待ちます。

2　水分補給を

痛みで食欲がないときは、脱水に気をつけます。白湯をゆっくり飲ませます。小さい子にはスプーンなどで少量ずつ飲ませるとよいでしょう。

これだけは知っておきたい！

命にかかわる

緊急時の対応

園生活の中でどんなに注意していても、起こってしまう
けがや事故。その中でも、保育者が落ち着いてすばやく
対応できるかどうかが、重要なものをまとめました。

熱中症

高温多湿の環境の中で、体温調節がうまくできずに、体にさまざまな不調を起こす危険な症状です。

 子どもの様子をチェック！

急ぎ病院へ

- **頭痛やめまい、吐き気（熱疲労）**
  頭やうなじが直射日光にさらされると、めまいや吐き気が起こります。

- **呼吸が荒くなり、顔が赤くなる（日射病）**

- **皮膚や唇がカサカサになる**

- **暑いのに汗が出ていない**

こんなときは救急車を！

- 39度以上の発熱がある
- 意識がない
- けいれんを起こしている
- 唇やつめ、皮膚が青紫色になっている（チアノーゼの状態）
- 水分をとれない、とっても吐いてしまう

保育者は注目！

湿度の高い6月から注意

気温が低くても湿度が高ければ、室内でも熱中症になる危険があります。真夏だけでなく、湿度が高くなる梅雨の時期からエアコンで調節を。室温は 25 〜 28 度、湿度は 60％以下が目安です。

保護者への伝達

規則正しい生活で体調を整えて

体調を崩した日は、食事や入浴は無理強いせず、水分をこまめにとって安静にするよう伝えます。

園での応急処置

1　涼しい場所に移動して

子どもがぐったりしていたら、風通しのよい木陰や涼しい室内に運んで寝かせ、洋服のボタンやベルトをはずします。

2　ぬれタオルで体を冷やす

ぬれたタオルで、首すじや脇（わき）の下などを冷やします。冷房などの風は直接当てず、うちわなどでゆっくりほてりを和（やわ）らげます。

3　水分をこまめに少しずつ

飲めるようなら、麦茶や子ども用のイオン飲料をひと口ずつ飲ませます。一度に飲ませると吐いてしまうので、注意しましょう。

イオン飲料

麦茶

保育者は注目！

のどが渇（かわ）く前に水分補給を

子どもはあそびに夢中になると、のどの渇きに気づきにくくなります。外であそぶときは、意識して水分をとらせていくようにしましょう。

memo

0～2歳児の変化に要注意

幼い子は暑いと感じても、自分で衣服を調節したり、水分補給をしたりできません。暑い日にぐったりしている、普段よりうとうとしている時間が長いなど、「いつもとちょっと違う」と感じたら、熱中症の可能性が高いので注意！　すぐに応急処置をし、症状によっては救急車を呼びましょう。

暑さ指数（WBGT）で熱中症予防

暑さ指数とは、気温や湿度などから熱中症の危険度を示す指標。保育の計画を立てるときに活用して、熱中症を防ぎましょう。ただし、暑さ指数は健康な大人を基準にしています。小さな子どもは暑さに弱いので、暑さ指数が低めでも、油断は禁物です。

日常生活の目安	暑さ指数		運動の目安
すべての活動で熱中症が起こる危険がある。外出はなるべく避ける。	31以上 **危険**		運動は原則中止。特に子どもの運動は中止すべき。
炎天下の外出は避け、室内でも温度が上がるので注意する。	28以上31未満 **厳重警戒**		激しい運動や持久走などは避け、体力の低い人の運動は中止。
運動や激しい作業をするときは、定期的に、十分に休息をとる。	25以上28未満 **警戒**		積極的に休憩をとり、水分や塩分を適切に補給する。
危険性は少ないが、激しい運動をするときには、熱中症が起こる危険がある。	25未満 **注意**	21以上25未満 **注意**	熱中症のサインに注意し、運動の合間に積極的に、水分・塩分を補給する。
		21未満 **ほぼ安全**	熱中症の危険は小さいが、水分・塩分を適切に補給する。

熱中症の発症には、気温だけでなく、湿度、日差し、前日との気温差などの要因がかかわっています。そこで、熱中症のリスクを正確に表すために、気温、湿度、日差しや輻射熱（地面からの照り返し）など、体温への影響が大きい要素を取り入れたものが「暑さ指数」です。保育の計画を立てるときに活用して、熱中症を防ぎましょう。
環境省「熱中症予防情報サイト」 https://www.wbgt.env.go.jp/

暑さ指数を見るときのポイント

ポイント ① 気温と暑さ指数は別のもの。混同しない

暑さ指数の単位には℃を使いますが、気温とは別のもの。暑さ指数は、湿度の影響を大きく受けるので、気温より低い数値になります。例えば、暑さ指数が31℃の場合、気温は35℃程度。子どもは大人よりも暑さの影響を強く受けるので、気温と暑さ指数を混同しないよう、くれぐれも注意しましょう。

ポイント ② 暑さ指数が低めでも油断しない

体が暑さに慣れていないと、熱中症になりやすいものです。そのため、急に気温が上がった日や、本格的な夏が来る前の5〜6月の蒸し暑い日などは、暑さ指数がそれほど高くなくても、熱中症のリスクが高くなります。数値だけでなく、前日からの変化に注意しましょう。

ポイント ③ 子どもが過ごす場所で計測するのが理想的

環境省「熱中症予防情報サイト」では、全国の暑さ指数の実況と予測を公表しています（冬季は除く）。園の近くの値を参考にしましょう。園で計測する際には、子どもが活動する場所で、頭の高さで計測します。子どもは地面に近く、照り返しの影響を強く受けるためです。

おぼれた

子どもがおぼれて意識を失ったら、とにかく人工呼吸を行います。迅速に対応できるよう、講習を受けておきましょう。

子どもの様子をチェック！

急ぎ病院へ

- **ぐったりしていて、反応が弱い**
呼吸や脈拍はあっても、名前を呼んで反応が弱いようなときは、体温が低下しています。体を温める応急処置をして、急ぎ小児科へ。

- **大声で泣き出した**
意識はあるが、水を飲んで肺炎などを起こす可能性があります。念のため小児科へ。

- **水を吐いた**

保育者は注目！

知っておこう、呼吸・脈拍の見方

呼吸の確認 ティッシュペーパーを鼻や口に近づけて、動くかどうかで確かめる。

脈拍の確認 ひじの内側や、股の付け根に指を当てて確かめる。

こんなときは救急車を！

- **大声で呼んでも反応がなく、意識がない**
- **足の裏をたたいても反応しない**
- **呼吸をしていない**
- **心臓が止まっている**

※一つでも当てはまるときは、ただちに心肺蘇生法（p.64）を。そしてすみやかに救急車を呼びます。

保護者への伝達

事故から数時間は気を配って
おぼれた直後は意識や呼吸があっても、数時間後に具合が悪くなるときは、肺に入った水で炎症を起こしている可能性も。降園後も子どもの様子を注意して見守ってもらい、心配な様子が見られたら、急ぎ受診してもらいます。

※脈拍確認は難しいので、呼吸がなければ、ただちに心肺蘇生を。もし意識があっても、必ず一度は受診しましょう。

園での応急処置

意識がないとき

1 心臓マッサージ

乳首を結ぶ線の真ん中に手のひらを乗せ、30回圧迫します（p.65）。

2 気道を確保し、人工呼吸

あお向けにして頭を後ろに反らし、あごの先を持ち上げて気道を確保。人工呼吸を行います（p.66）。

3 救急車を呼ぶ

救急車の手配をします（p.62）。

※近くに別の保育者がいるときは、一人が救急車を呼び、一人は心肺蘇生を行います。一人の場合は、心肺蘇生法を行ってから救急車を呼びます。

意識があるとき

体をふいて温める

ぬれた衣服を脱がせて体をふき、新しい服に着替えさせて、毛布で保温します。手のひらで全身をマッサージして、血行を促すことで体が温まります。

水を飲んでいるとき

おなかを押さえ、水を吐かせる

片ひざを立てて、子どものおなかをひざに乗せます。背中をさすったりたたいたりして、水を吐かせます。

※0～5歳児のいずれの子も、この体勢で水を吐かせて問題ありません。

誤飲した

誤飲事故が多いのは主に3歳以下です。万が一誤って異物を飲みこんだときは、飲んだものと量を確かめ、病院へ向かいましょう。

子どもの様子をチェック！

こんなときは救急車を！

● **反応が鈍い**
声をかけたり、たたいたりしても反応がない、ぼーっとしている、吐き気をもよおしているというときは、急ぎ救急車を。

● **意識がない・けいれんを起こした**
最も危険な状態です。まず救急車を呼びましょう。

● **呼吸困難を起こしている**
急ぎ救急車を。救急車を待つ間に、異物を吐かせます（p.25）。

対処に迷ったら中毒110番へ

（財）日本中毒情報センター
・つくば中毒110番 **029-852-9999**
　（365日9:00〜21:00）
・大阪中毒110番　**072-727-2499**
　（365日24時間）

保育者は注目！

応急処置は3ステップで

誤飲をした場合は、飲みこんだものによって応急処置がかわります。子どもに異変が見られた場合は、「何を」「どのくらい」飲んだのか確認をしましょう。

① 何を飲んだ？
まず、口の中をのぞきましょう。クレヨンのカスなどが口に残っていませんか。においはどうでしょうか。手がかりになるものが周囲にないか確認しましょう。

② どのくらい飲んだ？
実際は正確な量がわからないことも多いのですが、液体であれば容器を確認し、受診時に持参すると診断の助けになります。

③ 「吐かせる」「吐かせない」を確認
固形物を誤飲し、せきこんでいる場合は、背中をたたくなどして吐かせます（p.25）。吐かせるものと吐かせないもの、何か飲ませるのかなどを、右ページで確認しましょう。

園での応急処置

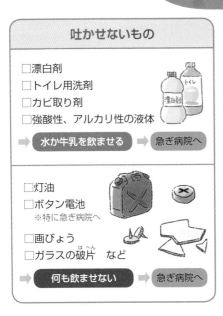

吐かせないもの

- □漂白剤
- □トイレ用洗剤
- □カビ取り剤
- □強酸性、アルカリ性の液体

➡ 水か牛乳を飲ませる ➡ 急ぎ病院へ

- □灯油
- □ボタン電池
  - ※特に急ぎ病院へ
- □画びょう
- □ガラスの破片　など

➡ 何も飲ませない ➡ 急ぎ病院へ

吐かせるもの

- □医薬品
- □ホウ酸だんご
- □蚊取り線香
- □防虫剤（牛乳は×）　など

➡ 水か牛乳を飲ませて吐かせる ➡ 急ぎ病院へ

- □クレヨンや絵の具
  - ※小量であれば口から取り除き、大量の
    ときは吐かせて病院へ
- □ボタン
- □たばこ

➡ 何も飲ませず吐かせる ➡ 急ぎ病院へ

吐かせる方法

吐かせるほうがよいものを飲んでいたら、次のような方法で吐かせましょう。

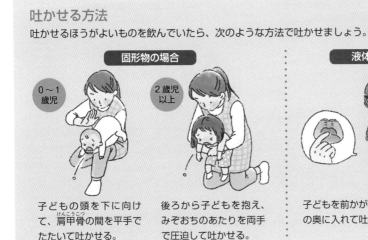

固形物の場合

0〜1歳児

子どもの頭を下に向けて、肩甲骨の間を平手でたたいて吐かせる。

2歳児以上

後ろから子どもを抱え、みぞおちのあたりを両手で圧迫して吐かせる。

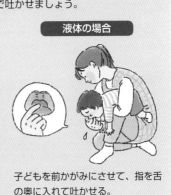

液体の場合

子どもを前かがみにさせて、指を舌の奥に入れて吐かせる。

やけどをした

やけどをしたら、何を差し置いてもまず冷やすこと。患部(かんぶ)によって効率的な冷やし方が異なります。頭に入れておきましょう。

急ぎ病院へ

● **患部から衣服がはがれない**
脱がせると皮膚まではがれてしまうので、そのまま水をかけて、急ぎ皮膚科か形成外科へ。

● **皮膚が白くなり、強い痛みがある**
やけどの程度が「2度」の状態 (p.27)。十分に冷やしながら、急ぎ皮膚科か形成外科へ。

● **顔や頭、性器にやけどをした**
デリケートな場所です。やけどの程度にかかわらず、皮膚科か形成外科へ。適切な処置を受けましょう。

● **低温やけど※をした**
使い捨てカイロや電気カーペットなどに長時間触れ、皮膚が赤くなっているときは、冷やしたら、すみやかに皮膚科か形成外科へ。

● **水ぶくれがある**
冷やした後、患部を保護して、皮膚科か形成外科へ。

こんなときは救急車を！

● 広範囲にやけどをした
● 乳児が体表の10%（大人の手のひら程度、またはそれ以上）のやけどをした
● 皮膚が白っぽい、または黒っぽい（2度〜3度の状態）

保護者への伝達

やけどの面積だけでなく、程度の深さも重要視して

近年増えている電気カーペットなどによる低温やけどや、範囲の小さいたばこなどのやけどは、皮膚の状態も多少赤みが出る程度で、油断しがちです。しかし実際は、やけどが深部に達していることも多いので、応急処置後は必ず受診するようにお願いしましょう。

26 ※低温やけどは、低い温度のものに長時間触れることで起こります。痛みを感じにくく、重症化しやすいので要注意！

1 流水で十分に冷やす

　患部に触れないように注意し、流水を当てて冷やします。基本的に衣服の上から水をかけます。最低でも20分は冷やしますが、子どもが寒さで震えてきたらストップします。

痛みが和らぐまで、流水で直接患部を冷やす。

広範囲のやけどは、冷水でぬらしたシーツなどで全身を覆い、シャワーで冷やし続ける。

2 衣服を脱がせる

　ある程度冷やしたら、衣服を脱がせます。皮膚からはがれないときは、その部分の衣服は残したまま受診しましょう。

皮膚についている箇所は残してカット

3 患部をガーゼで覆う

　患部全体を清潔なガーゼで覆い、包帯で圧迫しないよう緩めに巻きます。そのまま病院へ。

ガーゼ

やけどの程度	1度	2度	3度
皮膚の状態	赤くなる、水ぶくれはできない	水ぶくれ、赤くはれる、皮膚が白っぽくなる	皮膚が白っぽい、または黒っぽい、乾燥している
症状	ひりひりとした痛みがある	強い痛みがあり、ひどくなると感覚が鈍くなる	神経も焼けているので、痛みを感じない
治癒するまで	数日で治り、跡は残らない	1〜2週間で治る。深いものは、跡が残りやすい	1か月以上かかり、跡が残る。皮膚移植の必要も

応急処置をして、ただちに皮膚科か形成外科へ。

頭を打った

頭のけがには、すばやい対応が大切です。たとえ外傷がなくても、すぐに救急車を呼ばなければならない症状もあるので気をつけて。

子どもの様子をチェック！

急ぎ病院へ

- 患部が赤くなった、赤いこぶができた
  すぐに冷やして、念のため脳外科、または小児科へ。

- ぼーっとしていて反応が鈍い
  ショック状態の可能性が。安静にしても回復しないときは、念のため脳外科へ。

- ぶよぶよしたこぶができた
  皮膚の下に血がたまっている状態です。急ぎ脳外科を受診して。

- 耳や鼻から出血がある
  頭の中に出血がある可能性も。脳外科へ。

保育者は注目！

泣き出したら、ひとまず安心
泣き出したり、名前を呼んで返事ができたりすれば、急を要する事態ではありません。落ち着いて応急処置をしましょう。

こんなときは救急車を！

- 意識がない
- 打った部分が陥没している
- 出血が止まらない
- けいれんしている
- おう吐を繰り返す
- 手足が動かない

保護者への伝達

48時間は安静に

頭を打った直後はけろっとしていても、数時間後に吐いたり、意識を失ったりすることもあります。これは頭蓋骨の内部で出血している可能性を示します。すぐに病院を受診し、帰宅後も48時間ほどは安静にして、子どもの様子を見守るように伝えましょう。

園での応急処置

意識がある

意識の確認後、安静に

布団に寝かせて安静にして、子どもの様子を見ます。

こぶは冷やす

患部が赤くなっていたり、こぶができていたりしたら、ぬれタオルを当てて冷やします。

出血があれば、圧迫を

出血しているようであれば、傷口の汚れを水で落とし、ガーゼで圧迫します。もし少量でも血が止まらないようなときは、傷口を閉じるようにタオルで圧迫し、病院へ急ぎましょう。

意識がない

寝かせて、救急車を呼ぶ

おう吐したときは、吐いたものがのどに詰まらないように顔を横に向けて寝かせて、救急車を呼びます。

呼吸を確保し、救急車を呼ぶ

けいれんしているときは、衣服を緩めて顔を横に向けて寝かせ、楽に呼吸ができるようにします。そしてすみやかに救急車を呼びます。

○○先生、救急車を呼んでください。

保育者は注目！

1〜2時間は食事を控えて

元気にしていても、しばらくして子どもの様子が変化することがあります。1〜2時間は食事を控えましょう。

骨折した

骨折は見た目での判別が難しいので、疑わしいときは、だっきゅうやねんざと同様に、「冷やす」「固定する」が基本です。そのまま病院へ急ぎましょう。

 子どもの様子をチェック！

 急ぎ病院へ

- **不自然な形に変形している**
  骨折特有の外見です。迷わず整形外科へ。

- **みるみるうちにはれてきた**
  患部（かんぶ）が異常にはれている場合は、応急処置をして整形外科へ。

- **患部の皮膚が青黒くなってきた**
  内出血して皮膚の色が変わってきています。応急処置をして整形外科へ。

- **痛がって動かせない**
  立ち上がれない、腕が上がらないというようなときは、骨折の可能性があります。応急処置をして整形外科へ。

- **激しい痛みで泣き続ける**
  動かせないほどでなくても、子どもが大泣きして痛がるときは、骨にひびが入っている可能性が考えられます。応急処置をして整形外科へ。

こんなときは救急車を！

- **骨が皮膚を突き破って飛び出している**
- **出血量が多い**

 保護者への伝達

けがをした状況と事故後の対応を伝える

骨折は治るまでに時間がかかり、子どもはもちろん、保護者にも負担がかかるけがです。事故後は、保育体制に問題はなかったかなどの見直しを行いましょう。そしてその内容は、けがをしたときの状況などとあわせて保護者へ伝えることが大切です。完治（かんち）するまでの保育体制についても伝えていきましょう。

園での応急処置

1 出血していたら、まず止血（しけつ）

出血しているときは、添え木を当てる前に止血します（p.67）。骨が出ているときは、傷口を洗ったり骨をもとに戻そうとしたりしてはいけません。そのままの状態で救急車を呼びます。

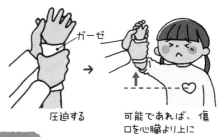

ガーゼ

圧迫する

可能であれば、傷口を心臓より上に

2 患部を固定し、冷やしながら病院へ

患部を動かさないようにして、氷のうで冷やしながら病院へ。可能であれば、添え木などをして患部を固定する処置をします。添え木などは、できるだけ軽くて丈夫なものを使いましょう。

指

指にそって鉛筆や割りばしなどを当て、包帯で固定する。

手首やひじ

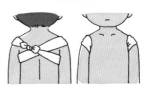

本や厚紙でも OK

手のひらを胸のほうに向けて添え木などで固定。三角巾でつるす。

鎖骨

背中で三角巾の両端を結んで、固定する。

上腕（じょうわん）

雑誌やものさしなどでも OK

添え木などを上腕に当てて、包帯で固定。さらに手首などと同様に三角巾でつるす。

太ももやひざ

添え木はなるべく軽くて丈夫なものを

ひざ上や足全体までを添え木で固定する。ひざなどの関節以外の部分で包帯で結ぶ。

足首

ダンボールの角などを利用する

足首が動かないように、ダンボールや添え木で固定。痛がるときは、無理に動かさずにひざ下だけを固定する。

アナフィラキシー

腹痛やおう吐、じんましんや呼吸困難など、二つ以上のアレルギー症状を同時に認めることをアナフィラキシーといい、特に血圧低下や意識障害を伴うものはアナフィラキシーショックと呼ばれています。

子どもの様子をチェック！

こんなときは救急車を！

■ 全身の症状
・ぐったりして意識がもうろうとしている
・おしっこやうんちをもらす
・脈が触れにくい、または不規則になっている
・唇やつめが青白い

■ 呼吸器の症状
・のどや胸が締めつけられる
・声がかすれる
・犬がほえるようなせきが出る
・強くせきこみ続ける
・息がしにくい
・呼吸がゼイゼイする

■ 消化器の症状
・おなかがひどく痛む
・繰り返し吐く（吐き続ける）

園での応急処置

1 その場で安静に！

● 横に寝かせて、足を頭より高く上げる

● 吐いたものがのどに詰まらないよう、顔を横に向ける

2 すぐにエピペン®を！

● エピペン®を処方されているときは、すぐに注射する

● 内服薬を預かっているときは、飲めるようなら飲ませる

32

0〜5歳児

第2版

保育者が知っておきたい

ケガと病気の予防・救急

まるわかり 安心BOOK

監修／高見 剛（代々木上原こどもクリニック院長）

ナツメ社

はじめに

　この本を手にされているのは、これから保育の現場で仕事を始める熱意あふれる新人の保育士さんでしょうか？　それとも、子どもの医療を再確認したいと思っているベテランの幼稚園の先生、または園に勤務する看護師さんでしょうか？　本書は、そのようなすべての保育者の役に立てる内容になっています。

　保育の現場はいつも子どものケガや病気と隣り合わせです。子どもにかかわる医療は、事故、ケガ（外傷）、感染症、アレルギーなど種類も多彩で範囲も広く、保育者にとってはとまどってしまうことも多いと思います。子どもの異変や病気に早く気づくためには、保育

者の観察力がとても大切です。ケガへの対応は、最初の処置がその後の経過や回復を左右することもあります。そして、保護者へどのように伝達するかもとても重要なことです。

　この本では、特に園でみられやすいケガや病気をとりあげ、症状や特徴、そして園でできる対処法に関してシンプルにわかりやすく解説しています。いつも手元に置いていただき、保育者としてのスキルアップに役立てていただければ幸いです。

代々木上原こどもクリニック 院長

高見　剛

この本の使い方

子どもによくあるけがや症状、感染症への対応から、緊急時や災害時の対応まで、保育者として知っておきたい情報をまとめました。この1冊が、日々の園生活の安心をしっかりサポートします。

よくある子どもの体調変化・けが

急ぎ病院へ /
こんなときは救急車を！
対応に迷うとき、判断の目安になる子どもの症状をわかりやすく紹介。

保護者への伝達 /
保育者は注目！
家庭へのアドバイスや保育者が気をつけたいことなどがひと目でわかる。

園での応急処置
イラストで手当てのポイントがすぐわかる！

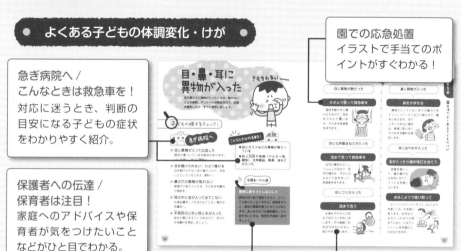

かかりやすい子どもの病気

主な症状
初期判断を助け、重症化や感染の広がりを防ぐのに役立ちます。

予防 / ケア
保育者が知っておきたい予防、ケアの情報を要約、簡潔にまとめました。

保護者へ伝達
家庭でのケア、注意点、受診をすすめる場合など、重要なポイントがわかります。

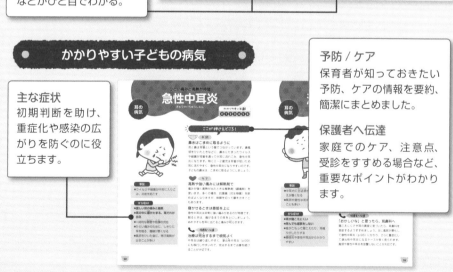

園で流行しやすい感染症

かかりやすい年齢
病気によって違うので、目安を知っておくのに便利です。自分の担当クラスは大丈夫？

登園について
感染を広げないために押さえておくべきポイント。保護者に伝えるときにも便利です。

コラム
感染症についての知識や、より詳しいケアの仕方、読めば理解が深まる記事などを紹介しています。

ほかにも必読ページがたくさん！

イラストをふんだんに使い、テーマごとに具体的な方法や
重要なポイントをわかりやすく解説。必ず役に立ちます！

いざというとき！
救急マニュアル

・救急法（心肺蘇生法）の基本
・基本の止血法　ほか

あわてず対応！
感染症マニュアル

・下痢、おう吐物の処理法
・日常の衛生管理　ほか

備えて安心！
安全マニュアル

・室内、屋外の危険をチェック！
・園でしておくべき災害対策　ほか

もう悩まない！
アレルギー対応

・アレルギーの原因と園での対応　ほか

もくじ

第1章 園生活でよくある子どものけが

第 2 章
園児が
かかりやすい
子どもの病気

第3章 園で流行しやすい感染症

第1章

園生活でよくある子どものけが

集団で過ごす園では、子どもたちのけがの種類が、家庭のものとは違ってきます。また、ベストとされる応急処置が、以前の方法と異なる場合も増えているので、もう一度基本の処置法を知っておきましょう。受診するかどうかの判断や、状況によっては救急車を呼ぶ判断も保育者には必要です。

すり傷・切り傷

子どものけがの中でいちばん多いのが、すり傷と切り傷。どちらの場合も、まずは傷口をすばやく洗い流すことが大切です。

子どもの様子をチェック！

急ぎ病院へ

- **なかなか出血が止まらない**
  応急処置をしても出血が止まらないときは、外科か形成外科、または小児科へ。

- **傷口に石が入って取れない**
  傷口に入った砂や石が取れない、傷口に古いくぎや汚れた木片が刺さっているというようなときは、化のうする心配があります。無理に取ったり抜いたりせずに、外科か皮膚科、または小児科へ。

- **頭や目の近く、おなかを切った**
  出血量が多い箇所です。圧迫して止血しながら、すみやかに外科か小児科へ。

- **強く打撲した**
  出血は止まったが、傷口の部分のはれが引かない、いつまでも痛がるというときは、外科または小児科を受診しましょう。

こんなときは救急車を！

- 傷口が深い
- 傷口がぱっくり開いている
- 出血が多い
- 縫う必要があるほどの大きな傷ができている

保護者への伝達

消毒しない、乾燥させない

以前は傷口を消毒し、乾燥させて治していましたが、現在は傷口を水で洗い流し、乾かさないようにラップなどで覆うほうが傷跡が残りにくく、治りも早いといわれています。正しい知識を伝えていきましょう。

園での応急処置

傷口が浅い場合

1 傷口を流水で洗う

傷口の汚れを流水でやさしく洗い流して、化のうを防ぎます。強くこすってはいけません。

2 傷口をラップで覆う

水気をふき取ったら、ワセリンを塗ったラップで傷口を覆います。縁をテープで留めて、水が入らないようにします。

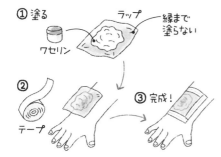

保育者は注目！

ラップは毎日交換を

ラップは一日に1回、夏場などは2回以上交換し、傷の部分を流水で洗います。あまり強く洗うと、かえって治りが遅くなってしまうので、軽く洗う程度にしましょう。

傷口が深い場合

1 傷口を流水で洗う

傷口を流水でていねいに洗い流して、石などの汚れを取り除きます。傷の大きさや深さを確認します。

2 止血する

水気をふき取ったら、傷口全体を覆うように清潔なガーゼを押し当てて、傷口を心臓より高い位置で固定します。その位置で5～10分間、圧迫しましょう（p.67「止血法」）。

保育者は注目！

血液の処理には手袋をして

園で子どもの止血をするときは、必ず使い捨て手袋を使いましょう。血液や体液から病気に感染することがあります。タオルやティッシュペーパー、素手で対応したときは、せっけんでの手洗いを十分に行います。

鼻血が出た

子どもは鼻の粘膜が弱いため、わずかな刺激でも鼻血が出やすいもの。止血すれば数分で落ち着くので、あわてずに処置をしましょう。

 子どもの様子をチェック！

急ぎ病院へ

● **頭を打った後に鼻血が出た**

頭を打った後に鼻血が出ているときは、頭蓋骨の内部で出血しているなど、重症である可能性があります。急ぎ脳神経外科を受診しましょう。

● **止血をしても
10分以上止まらない**

血液の病気や鼻の腫瘍の可能性があります。急ぎ小児科か耳鼻科へ。非常にまれではありますが、出血が多いと輸血をする場合もあります。

● **一日に何度も鼻血が出る**

アレルギー性鼻炎（p.116）や血液の病気などが考えられます。すぐに小児科か耳鼻科へ。

保育者は注目！

鼻を触るくせをストップ！

子どもの鼻の粘膜や細い血管は大人に比べ弱いので、軽くぶつけたり、指を入れたりしただけでも血が出てきます。鼻を触るくせがある子には、「お鼻は大事だから触らないように」と伝えていきましょう。

 保護者への伝達

**鼻血が出た日は
おふろの時間は短めに**

おふろに入ると血流がよくなるので、鼻血が出やすくなります。鼻血を出した日は、おふろのお湯をいつもよりぬるめの温度に設定して、早めに上がるように伝えましょう。

園での応急処置

1 座って前かがみにする

乳児は縦抱きで、幼児はいすなど安定した場所に座らせて、前かがみにします。

〈乳児〉

〈幼児〉

2 小鼻を強めにつまむ

小鼻を強めにつまんで圧迫します。5分ほどで、たいていの鼻血は止まります。

ここを強めに
つまむ

3 ガーゼを詰める

ある程度出血が止まったら、ガーゼを丸めて鼻に詰めます。ガーゼを深く入れすぎないように、先を出しておくのがポイントです。また、ティッシュペーパーは繊維がかたくて鼻の粘膜を傷つけることがあるので、なるべくガーゼがおすすめです。

保育者は注目！

月齢の低い子は、横向きにしてケアを

まだお座りが安定しない乳児の場合は、鼻血が出ているほうを下側にして、横向きに寝かせます。その姿勢で小鼻をつまみましょう。

4 タオルなどで冷やす

ぬれタオルや氷のうを鼻全体に当てると、血管が収縮されて鼻血が止まりやすくなります。鼻をぶつけたときも、冷やすことで痛みが和らぎます。

これは NG

あお向けに寝かせたり、上を向かせて首の後ろをたたいたりすると、鼻血がのどに入ってしまいます。吐き気をもよおす原因にもなるので、やってはいけません。

口の中をけがした

口の中のけがは、たとえ小さい傷でも出血量が多いものです。まずは落ち着いて傷の位置を確認しましょう。

子どもの様子をチェック！

急ぎ病院へ

● **出血量が多い**
出血量が多く、応急処置をしてもなかなか止まらないときは、外科か歯科、または口腔外科へ。

● **歯が折れた、歯がぐらぐらしている**
歯を打ちつけて歯がぐらぐらしているときは、口の中を洗って、歯科または口腔外科へ。

こんなときは救急車を！

● のどの奥や口の上部を、鉛筆などで突いた
● 転んで歯が折れて、意識がもうろうとしている
● 口を強く打って、前歯がめりこんでいる
● 傷が深く、出血が多い

保育者は注目！

「持ったまま歩き」の事故に注意を
歯ブラシやはしなどの、棒状のものを持ち歩き、転倒して口やのどに刺す事故が起きています。特に歩行が活発になる2〜3歳ころは要注意。物を持ったまま歩いたり、ふざけたりしないように注意しましょう。

保護者への伝達

小さなけがでも、念のため歯科へ
口の中の傷が浅くても、口元や歯を打ちつけた場合は、歯の成育に影響することもあります。念のため歯科の受診をすすめます。

口の中を軽く切った 歯を軽く打った

1 傷を確認

傷口に砂や血などがついて汚れていたら、うがいをしたり、ぬらしたガーゼでふき取ったりして、清潔にします。そして、傷の位置や大きさを確認しましょう。

2 止血する

出血しているところに清潔なガーゼを当てて圧迫します。痛みがあるときは、ほおに冷たいタオルを当てると痛みが和らぎます。

ガーゼ

痛みがあるとき

口の中にものが 突き刺さった

止血する

まずは傷口を確認。傷が浅めであれば清潔なガーゼを当てて止血して、念のため歯科などを受診します。深い傷の場合は応急処置が難しいので、血を飲みこまないよう下を向かせ、救急車を呼びます。

歯が折れた 歯がぐらぐらしている

1 傷の状態を確認

出血しているときはうがいをさせましょう。その後で冷たいタオルで患部を冷やして、痛みを和らげます。

2 折れた歯を水洗い

歯についている汚れを、弱い水流で10〜20秒程度洗います。このとき歯の根元（歯根）を持ってはいけません。歯根の表面にある歯根膜が残っているうちに治療すると、もとどおりになる可能性が高くなります。

弱い水流で10〜20秒　歯の上側を持つ　歯根

3 歯を保存して受診

専用の保存液（歯牙保存液※）に歯を浸し、それを持参して受診します。歯がぐらぐらしているときも、念のため受診を。

〈歯牙保存液〉

歯牙保存液　そのまま入れる　ふたをして持参

※歯牙保存液は、歯科などで売られています。

打撲した

打撲は、見た目では症状がわかりにくいので、子どもの様子をよく見ることが重要。いつまでも痛みが引かないときは要注意です。

 子どもの様子をチェック！

急ぎ病院へ

● **紫色にはれ上がる、はれがひどくなる**
冷やしても痛みがおさまらず、だんだんはれてくるときは、内出血している可能性があります。急ぎ整形外科へ。

● **2〜3日しても痛がっている**
骨にひびが入っていたり、骨折したりしている可能性が。整形外科を受診して。

● **腹部や陰部を強く打っている**
時間がたってからひどく痛がる、内出血をしているようなときは、必ず外科か小児科へ。

● **黒い便や赤い便が出る**
黒っぽい便や、血の混じったような便が出るときは、内臓が傷ついている可能性もあります。急ぎ小児科へ。

 こんなときは救急車を！

● 首や腰、背中を強打した
● 胸を打って、呼吸困難になっている
● 胸や腹部を打って、血の混じったたんが出た

🕾 保護者への伝達

しばらくは慎重に様子を見て

見た目に傷やはれがなくても、数時間たってから症状が出ることがあります。しだいに食欲がなくなった、機嫌が悪くなった、夕食後に吐くなど、気になる様子が見られたら、夜中であっても小児科を受診してもらうように伝えましょう。

園での応急処置

手足の打撲

1 傷口を流水で洗う

打ったところに傷がある場合は、まず傷口を流水で洗います。ワセリンを塗ったラップで傷口を覆い、包帯で保護します（p.43）。

2 患部を冷やす

包帯の上から氷のうなどを当てて冷やします。傷がなければ、冷水で湿らせたタオルを直接当てます。血流が悪くならないよう、休みながら冷やしましょう。

〈包帯の上から当てる〉　〈直接肌に当てる〉

目・耳の打撲

患部を冷やす

冷水で湿らせたタオルなどで患部を冷やします。目は圧迫しすぎないように注意しましょう。

腹・胸部の打撲

1 楽な姿勢で寝かせる

子どもの衣服を緩めてひざを90度に曲げ、正座をした大人の太ももの上に頭を置きます。座った姿勢が楽なようであれば、その姿勢のままで様子を見ます。

〈横向きで〉　〈座った姿勢で〉

2 患部を冷やす

子どもが落ち着いてきたら、患部を冷水で湿らせたタオルなどで冷やします。

保育者は注目！

0〜1歳児は触って観察を

乳児は言葉で痛みを伝えることが難しいので、体を打った後は服を脱がせて全身をチェックします。触ると激しく泣く、動きがおかしいなど、少しでも異変を感じたら、念のため小児科を受診しましょう。

指を挟んだ・つめをけがした

指先には神経が集中しているので、痛みを強く感じるもの。ほとんどは後遺症もなくきれいに治るので、落ち着いて対応しましょう。

子どもの様子をチェック！

急ぎ病院へ

- **指を挟んで激しく痛がる**
  骨折の可能性があります。右ページの応急処置をした後、整形外科へ。

- **つめがはがれそう・はがれた**
  右ページの応急処置をした後、外科または皮膚科へ。

- **大量に出血している**
  清潔なガーゼを当て、強めに包帯を巻いて止血しながら、外科か整形外科へ。

- **ひどくはれている、指が曲がらない**
  患部がひどくはれた、指が動かせない、曲がらないというときは、突き指の可能性が。放置せず、整形外科の受診を。

- **つめや皮膚が青黒くなった**
  ひどい内出血をしている可能性が。冷やしながら、外科か整形外科の受診を。

こんなときは救急車を！

- **指を切断した**
  ※指を切断したときは、患部をガーゼで覆い、根元を包帯でしばって止血します。切断された指はラップで包んでビニール袋に入れ、さらにその袋を氷水の入った袋に入れて冷やし、病院に持参します。

保護者への伝達

入浴は、患部をビニールで覆って

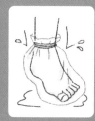

つめが割れたり、はがれたりしたときは、患部をビニール袋で覆って入浴を。お湯にぬれて雑菌が入らないよう保護します。

園での応急処置

つめがはがれた場合

1 傷口を流水で洗う

傷口は流水で洗って清潔にします。つめが取れないようにそっと洗いましょう。

そっと洗う

2 患部につめを戻す

はがれたつめはもとの位置に戻し、清潔なガーゼで押さえて包帯を巻きます。その後、外科か皮膚科の受診を。

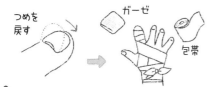

つめを戻す　ガーゼ　包帯

🚩 保育者は注目！

週に1度はつめの長さをチェック！

子どものつめは、意外と伸びるのが早いものです。つめが伸びていると、友達を傷つけるだけでなく、自分もけがをする原因に。理由を説明したうえで、保護者につめの管理をお願いし、週に1度、曜日を決めて家庭で切ってもらうようにしましょう。

突き指した場合

1 ぬれタオルで冷やす

冷水で湿らせたタオルで患部を冷やして、痛みを和らげます。

2 患部を固定する

指が曲がらないようなときは、添え木などを患部に当てて、動かないように固定します。氷などで冷やしながら、整形外科を受診しましょう。

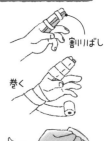

割り箸

巻く

これは NG

突き指は、指の靭帯を損傷した状態です。「突き指は引っぱって戻す」というのは間違いです。無理に引っぱったり動かしたりすると、症状が悪化することもあるので、「冷やす→固定する」という基本の処置をして、病院へ急ぎましょう。

だっきゅうした・ねんざした

手を引っぱったり、ジャンプをしたりした瞬間に、だっきゅうやねんざをすることがあります。動かさずに冷やして、病院へ急ぎましょう。

子どもの様子をチェック！

急ぎ病院へ

- **関節から先がたれ下がっている**
  関節から先がたれ下がり、動かせないような場合は、だっきゅうが疑われます。そのまま急ぎ整形外科へ。

- **左右の手足の長さが違う**
  左右の肩の高さや、手足の長さが違うときは、だっきゅうしている可能性が。そのまま急ぎ整形外科へ。

- **患部がはれ上がり、激しく泣く**
  ねんざ、または骨折（p.30）している可能性があります。応急処置をして、急ぎ整形外科の受診を。

- **患部が青紫色になる**
  皮膚が青紫色になっている場合は、ねんざや骨折をしている可能性が。冷やしながら、急ぎ整形外科へ。

保育者は注目！

大人も引っぱらないこと！

だっきゅうとは、何かのはずみに肩やひじの関節がはずれた状態のこと。大半は病院ですぐに治してもらえますが、一度だっきゅうするとくせになるので、子ども同士はもちろん、大人も引っぱらないように注意しましょう。入園前にだっきゅう経験の有無を保護者に聞いておくと安心です。

保護者への伝達

見た目で判断は禁物！

だっきゅうやねんざは見た目で判断するのが難しいものです。「大丈夫だろう」と受診せずにいると、骨が変形するおそれもあるので、家庭でもねんざの疑いがあるときは、その日のうちに受診をお願いしましょう。

園での応急処置

だっきゅうの場合

1 場所を確認

無理に動かすなどせずに、軽く触れて、だっきゅうしている関節を確認します。

2 患部を固定

だっきゅうした箇所が動かないように添え木を当て、包帯などを巻いて固定します（p.31）。無理に動かしてはいけません。

〈肩の場合〉　〈ひじの場合〉

包帯など

3 冷やす

包帯の上から氷のうなどを当てて、痛みを和らげます。そのまま受診しましょう。

ねんざの場合

1 痛みがあれば、まず冷やす

冷水で湿らせたタオルなどで患部を冷やして、痛みと内出血を抑えます。

2 患部を固定し、冷やす

ねんざをした箇所を包帯で固定します（p.68）。包帯を引っぱり、圧迫するように巻きます。包帯の上から氷のうなどで冷やし続けます。

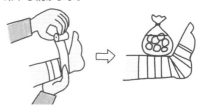

3 心臓より高い位置に

患部が心臓より高い位置になるようにして、内出血の拡大を予防します。少し落ち着いたら、病院を受診します。

足を心臓より上に上げて寝かす

タオル

虫に刺された

ハチ、毛虫、ブヨなど、刺された虫の種類に
よって応急処置が違います。ショック状態を
起こすこともあるので、すばやく対応を。

子どもの様子をチェック！

急ぎ病院へ

● **ハチに刺されて、はれや痛みが
ひどい**
応急処置をしてもはれや痛みが引かない
ときは、皮膚科または小児科の受診を。

● **ハチに数か所以上刺された**
痛みやはれがひどくなります。急を要す
る症状なので、針が残っているようであ
れば抜き、応急処置をして、急ぎ皮膚科
か小児科へ。

● **毛虫や毒蛾に刺された**
毛虫や毒蛾に刺されて赤くぽつぽつした
発しんやかゆみが広がったときや、痛み
がひどい場合は、皮膚科または小児科へ。

※スズメバチは黄色と黒のしま模様で胴体がふっ
くらとしており、アシナガバチはほっそりとし
ています。また、クマ（ン）バチは胸部は黄色
く、胴体は黒色をしています。

こんなときは救急車を！

● スズメバチ、アシナガバチ、クマ（ン）
バチなどに刺された

● 以前にも、これらのハチに刺さ
れたことがある

● 呼吸が荒くなり、冷や汗や立ち
くらみを起こしている

● 発しんが出た、おう吐をした

● 発熱した

保育者は注目！

2回目以降の「ハチ刺され」に注意！
以前にもハチに刺された経験がある場合
は、アナフィラキシーショック（p.32）
を起こす可能性が高くなります。ショック
を起こすと命を落とす危険もあるので、保
護者に、過去にハチに刺された経験がない
か聞いておくと安心です。

園での応急処置

ハチに刺された

1 針を抜いて毒を出す

まずは患部に針が残っていないか確認。残っている針があれば、ピンセットなどで抜きます。針の根元をつかんで抜きましょう。その後で、毒をしっかりつまみ出します。

2 水洗いして軟こうを塗る

傷口を流水で洗い流し、虫刺され用の軟こう（抗ヒスタミン軟こうやステロイド軟こうなど）を塗ります。

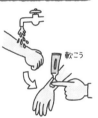

3 かゆみがあれば、冷やす

かゆみや痛みが強いようなときは、冷たいタオルで患部を冷やします。

毛虫や毒蛾に刺された

患部を水洗いして軟こうを

患部をこすらないように注意しながら、流水で洗います。もし残った毛があれば、粘着テープなどで取り、その後で虫刺され用の軟こうを塗りましょう。

蚊やブヨに刺された

1 水洗いして軟こうを塗る

患部を流水で洗って、虫刺され用の軟こうを塗ります。

2 かゆみがあれば、ガーゼで保護

かゆみが強いときには、かきこわしてとびひ（p.151）にならないように、軟こうを塗った上から清潔なガーゼで覆います。夏場はこまめに取りかえましょう。

55

目・鼻・耳に異物が入った

目や鼻などに異物が入ったときは、触らないことが原則。デリケートな部位なので、応急処置をしたら、すぐに受診しましょう。

きもちわるい

子どもの様子をチェック！

急ぎ病院へ

- **目に異物が入って出血した**
  眼球が傷ついている可能性があります。いじらずに、すぐに眼科へ。

- **目を開けられない、ひどく痛がる**
  目を開けられないほど痛がったり、充血したりしているときは、眼科へ。

- **鼻の穴の異物が取れない**
  無理やり取ろうとせず、そのまま耳鼻科の受診を。

- **耳の中に虫が入って出てこない**
  応急処置をしても虫が出てこない場合は耳鼻科へ。

- **中耳炎のときに耳に水が入った**
  症状が悪化することがあるので、念のため耳鼻科を受診しましょう。

こんなときは救急車を！

- 目にガラスなどの異物が刺さっている
- 目に石灰や洗剤（アルカリ性、酸性）、化学薬品、熱湯、油などが入った

保護者への伝達

無理に取ろうとしないこと

異物が目で見て確認できると、どうしても取りたくなりますが、無理をすると、眼球や鼓膜を傷つけることがあります。洗い流すなど応急処置をしても取れないときは、無理せず病院へ急ぎましょう。

園での応急処置

目に異物が刺さった

タオルで覆って救急車を

眼球を動かすと傷が広がるので、両目をタオルで覆います。そのまま救急車を待ちます。

目に化学薬品などが入った

流水で洗って救急車を

幼児の場合は2リットル以上の流水で、乳児の場合は、やかんの水などで目を洗って、救急車を待ちます。

目にゴミが入った

流水で洗う

水道水ややかんの流水で目のゴミを洗い流します。その後軽く目をぱちぱちさせると、取れやすくなります。

タオル

鼻に異物が入った

鼻をかませる

異物が入っていないほうの鼻の穴をティッシュペーパーなどで押さえて、鼻をかませます。まだ上手にかめない場合は、無理に取らずにそのまま耳鼻科を受診します。

耳に虫や水が入った

虫が入ったら懐中電灯を当てて

部屋を暗くして、懐中電灯の光を耳に当てて、入った虫を誘い出します。

水はこよりで吸い取って

ティッシュペーパーでつくったこよりを差しこみ、水を吸い取ります。幼児なら、水が入ったほうの耳を下に向け、片足でトントンと床を踏むと、水が出てきます。

こより

かまれた

子どもが動物やペットにかまれることがあります。化のうする可能性があるので、正しく処置しましょう。

子どもの様子をチェック！

急ぎ病院へ

- **イヌやネコにかまれた**
  野良猫や野良犬はもちろん、飼われている動物でも、かまれたり引っかかれたりしたら、応急処置をして外科を受診しましょう。かみ傷から破傷風菌（はしょうふうきん）に感染する可能性があります。

- **傷口がはれてきた**
  傷がはれたり、熱が出たりしたら、感染症のおそれが。外科を受診しましょう。

- **ニワトリやチャボなど、トリにつつかれた**
  傷がひどい場合は、応急処置をして外科へ。ただし目の周りをつつかれたときは、眼球が傷ついている可能性があるので、目をガーゼなどで覆（おお）って、急ぎ眼科へ。

- **出血がひどい**

こんなときは救急車を！

- マムシ、ハブ、ヤマカガシなどの毒ヘビにかまれた
- 意識がない、または意識がもうろうとしている
- ショック状態を起こしている

保護者への伝達

ネコにかまれたときは、数日後の異変に注意

ネコに引っかかれたりかまれたりしてから数日して、傷口やリンパ節がはれて発熱することがあります。ほとんどは自然治癒（ちゆ）しますが、中には治療が必要なことも。ネコにかまれたときは、念のため病院を受診するように伝えましょう。

※園外保育などに行くときには、毒ヘビ（マムシやハブなど）の体の特徴を本などで確認しておきましょう。

園での応急処置

ヘビにかまれた

傷口から毒を吸い出す

まずは救急車を呼びます。待つ間に、傷口に口を当て毒を吸い出し、すばやく吐き出します。

これは NG

傷や口内炎があるときは、そこからヘビの毒が入ったり、かまれた人の血液で感染したりすることがあるので、吸い出し行為をしてはいけません。

トリにつつかれた

傷口を流水で洗う

傷口を流水で洗い、出血していたらガーゼで圧迫して止血します。

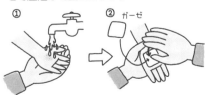
① ② ガーゼ

イヌ、ネコなどにかまれた

1 傷口を流水で洗う

まずは傷口を流水でていねいに洗い流します。傷口の中もていねいに洗いましょう。

2 止血し、病院へ

出血がひどいときは、清潔なガーゼで圧迫して止血します。急ぎ病院へ。

ガーゼ

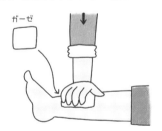

MEMO

傷口の大きさでなく、「深さ」に注意

ハムスターやリス、トリなどのペットにかまれた傷口は小さいため、安心しがちですが、心配なのは傷の深さ。見た目ではわからないので、傷口を洗ったら、すぐに受診をすすめましょう。

子ども同士のかみつき

1 すり傷の処置と同様に

傷口を水で洗い流し、ワセリンを塗ったラップで保護します（p.43）。

2 しばらく冷やす

冷水で湿らせたタオルを患部に当てて冷やし、はれや痛みを和らげます。

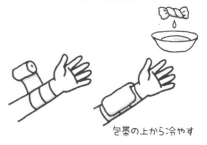

包帯の上から冷やす

かみついた子、かみつかれた子のケア

かみつきが多くなるのは1〜2歳児のころ。かみつかれた子と、かみついてしまった子の気持ちに共感し、その後で、かんでしまった子に、かみつきはしないよう伝えていきましょう。

かまれた子には…

痛かったね。大丈夫だよ。

かんだ子には…

おもちゃを貸してほしかったんだよね。

今度は「貸して」って言葉で言おうね。

保育者は注目！

かみつき後の保護者への対応を誠実に

かみつきでは、かんだ子の保護者もかまれた子の保護者も、どちらもとても傷つきます。まずは、どちらの保護者にも園でかみつきが起きてしまったことを謝り、起きたときの状況を伝えます。後日、職員でかみつきを防ぐための改善点を話し合ったら、それぞれの保護者に伝えましょう。謝って終わりではなく、その後の対応こそが大切なのです。

かぶれた

子どもにはいろいろな植物に触れてほしいけれど、注意も必要！　かぶれやすい植物を知っておき、子どもにも伝えていきましょう。

いたかゆ～い

子どもの様子をチェック！

急ぎ病院へ

● **水疱ができて、ひどくかゆみがある**
患部をかきむしらないように、ガーゼなどを当てて、皮膚科の受診を。

● **2～3日しても症状がおさまらない**
2～3日しても、はれや湿しんなどがおさまらない、または悪化しているという場合は、皮膚科へ。

● **痛みがある**

保育者は注目！

園外保育は、長そでで長ズボンで
野外に出かけるときや、普段と違う散歩道を歩くときは、子どもに長そでの服や長ズボンを着せて、かぶれを予防しましょう。

かぶれやすい植物

ヤマウルシ、ヌルデ、ハゼ　など

園での応急処置

1　衣服を着替える

着ているものをすべて脱がせます。服に植物が残っている可能性があるので、そのままビニール袋へ入れましょう。

2　流水で洗い、かゆみ止めを

患部を流水で洗い流して、かゆみ止めの薬（抗ヒスタミン剤やステロイド剤）を塗ります。その上をガーゼで覆いましょう。かゆみがおさまらない場合は、ガーゼの上から氷のうを当てて、しばらく冷やします。

必ず押さえて 緊急マニュアル

緊急時にはどうしてもあわててしまいがちです。急いで処置をしたい気持ちはわかりますが、そういうときこそ保育者が落ち着いて行動することが大切です。

救急車の呼び方

実際に119番をするときにあわてないように、緊急時の園外・園内マニュアルをつくり、職員全員で把握しておきましょう。

1 119番に連絡する

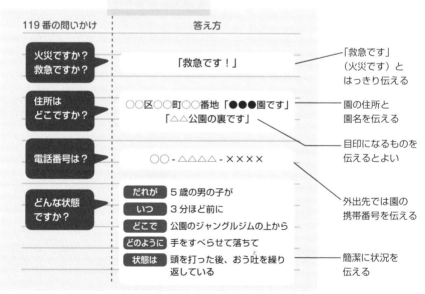

119番の問いかけ	答え方	
火災ですか？救急ですか？	「救急です！」	「救急です」（火災です）とはっきり伝える
住所はどこですか？	○○区○○町○○番地「●●●園です」「△△公園の裏です」	園の住所と園名を伝える / 目印になるものを伝えるとよい
電話番号は？	○○-△△△△-××××	外出先では園の携帯番号を伝える
どんな状態ですか？	だれが　5歳の男の子が / いつ　3分ほど前に / どこで　公園のジャングルジムの上から / どのように　手をすべらせて落ちて / 状態は　頭を打った後、おう吐を繰り返している	簡潔に状況を伝える

※これら必要事項は、紙に書いて電話の近くにはっておきましょう。

2 救急車を待つまでにやっておくことを聞く

「到着までに何をやっておけばいい
ですか？」と聞き、聞いたことを電話
口で復唱します。それを聞いて、別の職
員が応急処置をします。同時に、別の職
員は園の入り口に立ち、救急車が来たら
誘導します。

注目！

ほかの子どもたちが動揺しないよう
に、すみやかに別の場所に移動させる
こと。

何をやっておけば
いいですか？

はい、服を
緩めるんですね？

服を緩めます。

3 救急隊員に容体を正確に伝える

救急隊員が到着したら、応急処置まで
の子どもの容体などを伝えます。もし、
子どものかかりつけの病院があれば、病
院名を伝えましょう。その後、救急隊員
の指示に従って救急車に同乗するなど、
すみやかに行動します。

伝達事項

□容体について
□応急手当ての内容
□慢性の病気や
　アレルギーの有無

病院に行くときの持ち物

□子どもの健康保険証（コピー）
□健康管理表
□携帯電話
□現金
（おう吐物や下痢便のついたおむつ
などがある場合は持参する）

心肺蘇生法（心臓マッサージと人工呼吸）

　心肺蘇生法は、呼吸が止まり、心臓も動いていない人を救命するための補助行為で、心臓マッサージと人工呼吸があります。基本は「心臓マッサージ（胸骨圧迫）30回、人工呼吸2回」。救急隊に引き継ぐまで行うことで、子どもの命が助かる確率は格段に上がります。

乳児 1歳未満の子ども　**小児** 1歳以上の子ども

1　意識を確認する

乳児　**小児**

子どもの肩を軽くたたきながら、大声で名前を呼びます。乳児の場合は、足裏を指ではじいたり、つめでこすったりして声をかけましょう。

あいちゃん、大丈夫？どうしたの？

注目！
目を開けない、返答がない、目的をもった体の動きがないときは、「反応なし」と判断する。

ここで呼吸が戻れば、気道確保（p.66）をして救急隊を待ちます。

2　**反応なし！** 周囲の保育者に助けを求める

大声でほかの保育者を呼び、119番通報とAEDの手配を依頼します。

鈴木先生、119番に通報してください！

注目！
周囲にだれもいない場合は、人工呼吸と心臓マッサージをした後で、119番通報とAEDの手配をする。

田中先生は、AEDをお願いします！

※ AED（自動体外式除細動器）は、心臓に電気ショックを与えて正しいリズムに戻す医療機器のこと。電源を入れると手順が音声で指示されるので、落ち着いてそれに従います。現在は1歳未満の子どもにも、AEDが使えるようになりました。

3 呼吸を確認する

乳児 小児

胸と腹の動きを 10 秒間確認します。

注目！

胸や腹の動きがない、呼吸音が聞こえない、呼吸がとぎれとぎれ（あえぎ呼吸）のときは、呼吸なしと見なす。

胸・腹の動きを 見る

呼吸を 聞く

触れて動きを 感じる

4 呼吸なし！ 胸骨圧迫（心臓マッサージ）を行う

乳児は片手の指２本で、小児は手のひらの付け根に近い部分で、胸骨（乳児は左右の乳頭の中心よりやや下、幼児は左右の乳頭の真ん中）を、強く速く、30 回圧迫します。

圧迫の位置
乳首を結ぶ線の真ん中

※乳児は中心よりやや下

圧迫の強さ
胸の厚みの 1/3 くらいまでくぼむ力で、強く押す。迷いは禁物。

圧迫の速さ
1 分間に 100 回以上を目安に、速いペースで行う。

乳児

❶
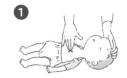
左右の乳首を結んだ線上の中心よりやや下に、人さし指、中指、薬指を置く。

❷

人さし指を離して中指と薬指を立てる。胸の厚みが 1/3 の深さになるくらいまで、30 回、強く圧迫する。

小児

❶
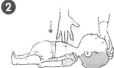
左右の乳首を結んだ線上の真ん中に、手のひら（手首に近い部分）を置く。

❷
ひじをまっすぐに伸ばし、垂直に圧迫

胸の厚みが 1/3 の深さになるくらいまで、30 回、強く圧迫する。

→心臓マッサージを 30 回行ったら、人工呼吸を 2 回行う。

5 気道を確保する

片手で子どもの頭を反らせて、もう片方の手の指で、あご先を持ち上げます。

 注目！

力一杯持ち上げると、かえって気道が狭くなるので、軽く上げること。

乳児

人さし指1本をあご先に当てて、軽く持ち上げる。

小児

人さし指と中指の2本をあご先に当てて、軽く上げる。

6 人工呼吸を2回、行う

鼻をつまみ、口から息を吹きこみます。1回の呼吸につき1秒ほど。一度口を離し、もう1回吹きこみます。

 注目！

● 子どもは肺容量が少ないので、吹きこみすぎない。

● 息を吹きこんだときに、子どもの胸が上がっていることを確認する。

鼻と口を覆う

乳児

子どもの鼻と口を大人の口ですっぽり覆い、息を吹きこむ。

小児

子どもの鼻をつまみ、口を大人の口で覆って息を吹きこむ。

● 救急隊が到着するか子どもが回復するまで、「心臓マッサージ30回、人工呼吸2回」を続けます。
● 救急隊には、子どもが倒れたときの状況、施した心肺蘇生法、AED使用の有無を伝えます。

※本で得る知識だけでは、正しい技術を身につけるのは難しいものです。また、内容が変更することもありますので、定期的に講習を受けて、胸骨圧迫の強さや、息を吹きこむ感覚を体で覚えておきましょう。落ち着いて対処することが子どもの命を救います。

止血法
しけつほう

いざというときに保育者が知っておきたい止血法は二つ。傷口を直接圧迫する「直接圧迫止血法」と、心臓に近い関節部分を圧迫する「間接圧迫止血法」です。普段から練習をしておきましょう。

基本の止血法　直接圧迫止血法

傷口に清潔なガーゼなどを当てて強く圧迫。止血するまで続けます。そして、傷口を心臓より高い位置に保ちましょう。

注目！

片手で止血できないときは、両手で強く押さえる。ガーゼに血がにじんできたら、その上に新しいものを重ねて圧迫する。

傷全体をガーゼで覆う。保育者は血液に触れないよう、ビニール袋や手袋を使う。

子どもが動かせるようであれば、出血部位を心臓より高く上げる。

大量の出血！　間接圧迫止血法

大量に出血していたり、傷口から骨が見えたりしているときなどは、傷口ではなく、傷にいちばん近い止血点（血液の流れを止めることができる箇所）を圧迫します。

指で圧迫する方法

前腕　上腕　手首　指　下肢

傷口には何も当てずに、●印を指で圧迫。

三角巾などで圧迫する方法

傷に近い止血点に布（三角巾など）を当てて、緩めに包帯を巻く。結び目のすき間に棒を入れて回し、きつく締める。10分ごとに棒を緩めて、うっ血を防ぐ。

包帯の巻き方

包帯や三角巾は、傷の保護と細菌の侵入を防ぐために使います。どちらも清潔で、傷をすべて覆えるだけの大きさのものを使います。

包帯の基本の巻き方

①

包帯を左右の手で持つ。

②

斜め上に

先端を斜め上にして、ひと巻きする。

③

先端を折り返した上に巻いていく。

④

包帯を二つに裂いて結ぶ。

腕や足

①

包帯を斜め下に転がす。

②

後ろは平行に巻く。

③

前まできたら斜め上に巻く。

④

前にきたら今度は下向きに。

⑤

①〜④を繰り返し、患部以外で留める。

指

① **②**

けがをした指先に包帯を巻いたら、手の甲で交差して固定。

足首

①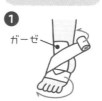

ガーゼ

患部にガーゼを当て、足の甲から包帯を巻く。

②

足の甲→足首と、交互に包帯を巻く。

三角巾の使い方

頭頂部を覆う

❶

底辺を3～5cmほど
折り、眉の上に当てる。

❷

前へ　　前へ

後ろで交差させる。
締めすぎに注意。

❸

前面で両端
を結ぶ。

❹

垂れている部分を
折りこむ。

腕をつる

❶

底辺を5cmほど折り、
傷めたほうの手に当てる。

❷

★印の部分を首の
後ろで結ぶ。

❸

ひじ部分を結んで
内側に入れる。

❹

タオルなどで、腕
を体に固定する。

足や手を覆う

❶

頂点部分を足の指先にかぶせる。

❷

足の甲を包みこむ。

❸

足首の前方で結ぶ。

保育環境の安全対策

子どもの安全を守るには、日ごろの点検が欠かせません。子どもの目線で1か月に1度安全を確認しておきましょう。チェックリストなどをつくっておくと、点検もれを防げます。

Check!

☐ 屋外の危険をチェック

大勢の子どもがあそぶ園庭では、予想外の行動が起こりやすいものです。年齢ごとの子どもの特徴と行動を予測して、安全対策をとりましょう。

毛虫や毒蛾（どくが）に刺されないように、植えこみをチェック

幼児の投げたボールなどが小さい子どもに当たらないよう、あそぶ時間帯や場所を分ける

サイズの合っていない靴で転倒しないよう、保護者に確認をお願いする

はり金
ボタン
小石

落ちているものを誤飲しないよう、毎朝砂場を確認する

ひもが遊具に引っかかり、首が締まらないよう、必ずかばんをはずしてあそぶ

子どもがけがをしないように、支柱が腐っていないか、ネジやナットの緩みがないか、さびがないか、定期的に確認する

首を締めつけられないよう、フード付きの服や丈の長いスカートは着替えさせるか、フードを内側に折りこむ

腕を強く引っぱり、だっきゅうしないように、子どもに伝える

道路に飛び出さないよう、門扉の鍵を必ず閉める

保護者が目を離したすきに車道に飛び出さないよう、お迎えの後はすみやかに帰るように伝える

Check!

☐ 室内の危険をチェック

0〜2歳児は日々できることが増えていくので、目を離したすきに思わぬ事故が起きることがあります。また、3歳児以上になると活動範囲が広がるために、大きなけがにも注意しなくてはなりません。起こりやすい事故を知って、予防のための対策を立てましょう。

3〜5歳児

0〜1歳児が頭をぶつけないよう、家具の角にカバーをかけて、3〜5歳児には走り回らないように伝える

戸で手指を挟まないよう、ストッパーをつける

友達がいないことを確認してから戸を閉じるよう、子どもに伝える

子どもがのぼって転落する危険のある荷物を、ベランダや窓際に置かない

0〜2歳児

指を入れて感電しないよう、コンセントにカバーをつける

棚などに上がって転倒しないよう、金具などで固定する

やけどをしないよう、保育者が見守る

フォークやはしを振り回さないように、保育者が見守る

蛇口に指を入れて取れなくなることがないよう、手洗い場に行くときは保育者がつき添う

柵を乗り越えて転落しないよう、保育者が見守る

おぼれる危険がないよう、必ず水を抜く

☐ 窒息（誤嚥）の危険をチェック

赤ちゃんは何でも口に入れてしまいますし、小さな子どもは食べ物をかんだり、すりつぶしたりするのが上手ではありません。園では、ゆっくり食べられるよう見守り、午睡時も睡眠中の窒息に注意しましょう。

食事

離乳食の進み具合には個人差があります。食事の形態が子どもの発達に合っているかをチェック。

0歳児

足を踏みしめていないと、しっかりかめません。足が床についているか、背もたれが背筋をまっすぐ支えているかを確かめて。

1歳児以上

あそんだりおしゃべりしたりすると、かむのがおろそかになります。よくかんで食べるよう声かけを。

もぐもぐだよ

のどをうるおすと、飲みこみやすくなります。食前にお茶をひと口飲む習慣を。

せかしたり急に声をかけたりせず、落ち着いた雰囲気で。

注意が必要な食べ物

どんな食べ物ものどに詰まる可能性がありますが、特に次のような特徴がある食べ物には要注意！

弾力があるもの
かみ切りにくく、かたまりのまま飲みこむ原因に。
こんにゃく、きのこ類、ねり製品 など

なめらかなもの
のどの奥に流れこみやすい。
やわらかくなったカキやメロン など

球形のもの
ツルっとして、かむ前に飲みこみやすい。
プチトマト、サクランボ、白玉団子 など

粘着性の高いもの
だ液を吸収し、かたまりになりやすい。
ご飯、もち など

かたいもの
かみ切りにくい。
エビ、イカ、かたまりの肉 など

口の中がパサパサするもの
だ液を吸収し、飲みこみにくい。
パン、ゆで卵、焼きいも など

口の中でバラバラになるもの
細かくかみにくい。
ブロッコリー、ひき肉 など

おもちゃ

● どんなものでも詰まる

3歳の子どもの口の大きさは直径約4cm。それより小さなものは口から入って、窒息を起こす危険があります。球形のものが危険と考えがちですが、ブロック状のものでも窒息は起こります。

特に直径や対角線の長さが6〜20mmのおもちゃは窒息のおそれあり。

● 緩みをチェックする

おもちゃの洗浄・消毒の際には、おもちゃの部品が緩んでいないかをチェックしましょう。おもちゃ自体が大きくても、部品が取れてしまうと、それがのどに詰まる危険があります。

午睡

口の中に何か入っていると危険です。おもちゃや食べ残し、吐いたものが口の中に残っていないかを見ましょう。

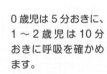

0歳児は5分おきに、1〜2歳児は10分おきに呼吸を確かめます。

おなかにやさしく触れて、呼吸の動きや反応、体温を確認しましょう。

寝具の周りに、ひも状のものがないかをチェック。

やわらかい布団は鼻や口をふさぐ危険があります。マットはかためのものを、かけ布団は顔にかからないように。

☐ 水あそびの危険をチェック

子どもは頭が重くて転びやすく、体を起こす腕の力が弱いため、ちょっとした水深でも
おぼれる危険があります。事故を防ぐためのポイントをしっかり守りましょう。

子どもも保育者も焦らないよう、支度から着替えまで、十分な時間をとります。

子どもを見守る専任のスタッフを決め、そのスタッフは見守り以外の任務を行ってはいけません。

子どもが多すぎると、不自然な動きをしている子どもや、おぼれている子どもを見つけにくくなります。プール内がこみ合わないよう、人数を調整しましょう。

注意！

排水溝の蓋やプールサイドなどの安全をチェック。また、水あそびに関係ないものは片づけましょう。

プールの衛生管理

水あそびをする季節には、水を介した病気の感染にも注意が必要です。感染症の広がりや、大腸菌などの菌の繁殖を防ぐためにも、水質管理は徹底して行いましょう。

0.1.2 歳児

3.4.5 歳児

0.1.2 歳児用チェックリスト

- □ プールに入る前に水質チェック。残留塩素濃度は、0.4 ～ 1.0ppm に保つ
- □ プールに入る前は、子どものおしりをせっけんで洗い、菌やウイルスを洗い流す
- □ プールから出た後は、子どもの全身をシャワーでしっかり洗い流す
- □ おむつの子は、一人一人たらいなどを使用して水あそびをする
- □ 使い終わったら、たらいの水をそのつど抜く
- □ たらいは水洗いして、天日干しする

3.4.5 歳児用チェックリスト

- □ プールに入る前に水質チェック。残留塩素濃度は、0.4 ～ 1.0ppm に保つ
- □ プールが大きい場合は、残留塩素濃度が均一かどうか確認する
- □ プールに入る前は、子どものシャワーを徹底する
- □ プールから出た後は、シャワーで全身をしっかり洗い流し、うがいをするように促す

※残留塩素濃度は、日光に当たったり、子どもが入ったりすると濃度が下がるので、30 分おきくらいに確認するとよい。

突然の災害に備えて、避難訓練は毎月行います。園は子どもを預かる場所ですが、「命を預かっているのだ」ということを再認識し、災害対策を立てましょう。ただ行うだけでなく、毎回反省し、改善していくことが重要です。

地震の避難訓練はあらゆる時間を想定して

避難訓練の年間計画を立てるときは、午前中、食事中、午睡中、午後、夕方、延長保育中など、あらゆる時間帯を想定して行いましょう。実際の災害はいつ、どんな状況で起こるかわかりません。食事中の避難ではどんなことが起こるのか、職員の少ない延長保育中に起きたらだれが指揮をとるのかなど、あらゆる場面での訓練が、子どもの命を守ることにつながります。

訓練後は必ず見直しを。反省は災害時や次の訓練に生かす

避難訓練をした後は、実際の避難にかかった時間や保育者の動き、子どもの動きなどを見直します。実際に子どもを連れて行動すると、頭で考えていた以外のことが必ず起こります。「1歳児クラスは担任だけでは、避難に想定していた倍の時間がかかった。調理師は火元の安全を確認したら、1歳児クラスの援助に入ったらどうか」など、職員会議で意見を出し合いましょう。これらの問題点や改善策は、園に勤務している全職員で把握しておくことも大切です。

指揮系統を明確に

災害時は基本的に、園長が園の外へ出るタイミングや場所などを指示しますが、園長不在のときの指揮者も決めておくことが大切です。職員が少ない延長保育の時間や土曜日などは、だれが中心となるのか、主任もいないときはどうするのかなど。これらについても話し合い、決めておきましょう。

避難袋の中身は毎月確認を

クラスごとの避難袋（非常用持ち出し袋とお散歩袋 p.86）のほかに、園全体の避難袋も用意して、職員室にまとめておきましょう。これらは毎月、日にちを決めて、園長や主任など責任者が使用期限をチェックしましょう。ラジオなどの機器は、そのつど電源を入れて確認することが重要です。

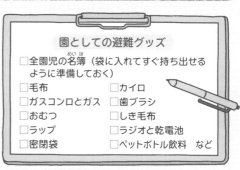

園としての避難グッズ

☐ 全園児の名簿（袋に入れてすぐ持ち出せるように準備しておく）
☐ 毛布
☐ ガスコンロとガス
☐ おむつ
☐ ラップ
☐ 密閉袋
☐ カイロ
☐ 歯ブラシ
☐ しき毛布
☐ ラジオと乾電池
☐ ペットボトル飲料　など

※これらは一例です。園でよく話し合っておきましょう。

給食室には、調理せずに食べられるものをストック

災害時の状況によっては、園で夜を明かすこともあります。給食室には、調理をする必要のないクッキーなどのほか、保存の利く乾麺、すいとんなどの材料になる小麦粉、粉ミルク、水などを、常にストックしておきましょう。それらは担当者が月に1度、賞味期限を確認し、期限が迫っているものは新しいものと入れかえてから早目に使います。

水の賞味期限がもうすぐ……

新しいものに入れかえましょう

園の周りのハザードマップを確認

ハザードマップとは、災害が起きたときに発生が予測される土砂崩れや津波、川の氾濫などの被害を地図上に示したもの。過去に起きた災害も示されています。各市区町村のホームページや役所で確認できるので、園周辺のハザードマップをチェックしておきましょう。

園のある場所によって、起こりうる危険は異なります。津波のおそれがあるときに避難できる高台が近くにあっても、土砂崩れを起こしやすい地盤では安心とはいえません。また、海から離れていても、近くに大きな川が流れていたら、浸水対策について考える必要があるでしょう。自分の園の実情を把握して、それに合った安全対策と避難経路を話し合っておくことが重要です。

保護者との連絡手段を見直す

災害時に携帯電話がつながらなかったとき、園外に避難したときに、どのように保護者と連絡をとるか、考えておくことも必要です。災害の状況によっては、避難場所が変わることも起こりえます。さまざまなシチュエーションを想像してメーリングリストを作成したり、171（災害用伝言ダイヤル）の利用を考えたりするなど、園で早急に対策を立てておきましょう。また、市区町村の担当者、地域の小学校、ボランティアグループなどとも相談しておくと、より安心です。

災害当日の保護者の受け入れ体勢を話し合っておく

　災害が起こったときは、どの保護者も必死の思いで子どもを迎えに来ます。もし交通機能が止まった場合は、迎えが翌朝になることがあるかもしれません。保護者は園に着いたら、真っ先に子どもに駆け寄ろうとしますが、実はその大人の興奮が、子どもを不安にさせることもあるのです。まずは、1杯お茶を飲んで気持ちを落ち着けたり、「大丈夫ですよ」と笑顔で迎えたりするなど、保護者の不安に寄り添う支援も考えておきましょう。

災害後の子どもの変化に注意して

　災害後1〜2週間ほどしてから、夜泣きがひどくなったり、夜中に目覚めてしまったりするなど、子どもに変化が出ることがあります。また、大きな地震の後、地震ごっこをして遊ぶこともあります。災害後の数週間から数か月間くらいは、子どもの様子に特に注意しましょう。子どもは大人の変化を察知して不安定になりますが、反対に、大人が落ち着いていれば、どんな状況でも安心できるものです。災害時ほど、普段どおりの保育を大切にしましょう。

重要！

普段の訓練が、とっさの判断の助けになる

　災害時に、「マニュアルどおりの避難で完璧」ということはありません。しかし、実際に避難訓練で子どもと動いておくことで、いざというときに瞬時に何をすべきかという判断がしやすくなります。一つでも不安があったときは、そのままにせず、必ず対策をとっておきましょう。

保育室内の地震対策チェックリスト

☐ 保育室に、転倒の危険のある棚(たな)を置かない。または L 字型の金具などで、転倒を防ぐ

☐ ロッカー・おもちゃ棚・本棚などで出入り口をふさぐ危険がある場合は、L 字型の金具などで固定する

☐ ガラスに飛散防止(ひさんぼうし)フィルムやシートをはる

☐ 落下の危険がある「つるし棚」は取りはずす

☐ 避難経路(ひなんけいろ)の出口に、避難用の靴を準備しておく

☐ 保育室の中央は空間をとり、安全なスペースを確保する

重要！

耐震診断(たいしんしんだん)を受けておこう

地震対策では、家具の転倒防止対策などとあわせて、園舎の耐震診断を受けておくことも大切です。まだ診断を受けていない園では、自治体に相談して早急に実施しましょう。これは、保育所や幼稚園だけでなく、子どもの一時預かりをしている施設でも同じことです。耐震診断を受け、補強の必要があれば市区町村と相談していきましょう。地震対策に「完璧」も「待った」もありません。突然起こる地震から子どもと保育者の命を守るために、今日できることはすぐに進めていきましょう。

保育室以外の地震対策チェックリスト

- ☐ 靴箱は倒れないように固定する

- ☐ 柵にかけたり、つるしたりするタイプの植木鉢（プランター）はなるべく使わない

- ☐ 花瓶は、ガラス製よりもプラスチック製などのものを選ぶ

- ☐ 写真立てや額縁にガラス板が使われているときは、それをはずすかアクリルシートにかえる

- ☐ 職員室に置かれているテレビや、重量のあるAV器具は、金具などでしっかり固定する

- ☐ 開き戸のある棚には、ストッパーをつける

- ☐ 調理機器の防火装置を点検する

- ☐ 園舎の耐震診断を受ける

- ☐ 耐震強度が足りないときは補強する

けがをしたときの 保護者連絡

保育中に子どもがけがをしたら、たとえ小さなけがでも保護者に伝えなくてはいけません。どんな状況でも、保育中のけがは園の責任。心からの謝罪をしたうえで、状況をしっかり伝え、再発防止につなげることが大切です。

事前の保護者との連携

1 入園前・進級前には「子どもの発達とけが」について話す

子どもは寝返りから、ハイハイ、歩行と、体の発達に合わせてできることが増えていきます。子どもはその過程で小さなけがを繰り返しながら、危険を知り、安全に行動する力をつけていくもの。大きなけがを起こさないことが大前提ですが、何でも禁止をしていては、危険を判断する力が身につきません。そのことを年度初めの保護者会で話しておきましょう。各年齢の体の発達と、その時期に起こりやすいけがについて伝えておくことで、保護者の理解が深まります。

保護者会にて

この時期は、発達的に歩行が不安定なので、転びやすくなるんです。

2 園の対応を伝える

最初の保護者会では、子ども同士のトラブルでけがをしたり、させたりした場合の園の対応についても話しておきましょう。例えば、けんかをした双方の保護者に相手の子どもの名前を伝える（もしくは伝えない）といった園の決まりや、その理由などです。全員で把握しておくことで、トラブルが少なくてすみます。

子ども同士のトラブルでけがをさせてしまったとき、うちの園では双方に名前をお伝えするようにしています。

事故が起きてしまったら

1 けがをしたら、すみやかに保護者へ連絡を

　園でけがをした場合は、どんなに小さなものであっても、保護者に連絡をして、けがをさせたことを心からお詫びします。そして、けがの程度と起きたときの状況、今の子どもの様子、受診の有無をきちんと伝えましょう。さらに、お迎えのときには、園長と担任が保護者に直接お詫びして、状況などを説明することが大切です。軽いけがの場合でも、電話だけですませずに、顔を見て伝えましょう。

　申し訳ありませんでした。

2 事故後の対応を話し合い、再発防止策を記録する

　けがはクラスだけのことではなく、園全体の問題として考えましょう。職員会議などで状況を報告し、原因や問題点、次に事故が起きないようにどうしたらよいかといったことを話し合います。記録帳をつくってその内容をまとめておき、見返して再発への意識を高めましょう。

けが・事故記録例

1. 発生状況
2. 対応、応急処置
3. 受診記録
4. 再発防止策　など

※一例です

3 再発防止策を、けがをした子どもの保護者に口頭で伝える

　2で話し合った再発防止策は、保護者に伝えていきましょう。どんなに小さなけがでも、謝って終わりにするのではいけません。その後の対応こそが保護者との信頼関係につながります。

　洗面所の床はこまめにふいて、すべらないように気をつけます。

わかりました……。

非常用持ち出し袋とお散歩袋

災害時にはライフラインが止まる可能性があります。子どもの安全を守るために、最低限の持ち物を「非常用持ち出し袋」の中に準備しておきましょう。

非常用持ち出し袋

- □ ペンライト
- □ メモ用紙と筆記用具
- □ クラスの名簿・健康管理表
- □ 時計（秒針があるもの）
- □ 三角巾
- □ 体温計　など

お散歩袋と避難用持ち出し袋は出入り口につるしておき、すぐに持ち出せるようにしておきましょう。

普段保育で使っている「お散歩袋」も災害時には役立ちます。総重量を確認しておき、避難訓練のときは「非常用持ち出し袋」といっしょに持ち出しましょう。

お散歩袋

- □ 防犯ベル　□ 携帯電話
- □ 園の住所・電話番号・名簿
- □ タオル2〜3枚、大判タオル1枚
- □ ビニール袋
- □ 着替え（年齢に応じて調整）
- □ 紙おむつやおしりふき
  （0〜2歳児クラス）
- □ レジャーシート
- □ 救急セット

救急セット

□ 熱冷まし用のシート	□ はさみ
□ 消毒液	□ 傷テープ
□ 滅菌ガーゼ	□ ピンセット
□ ウェットティッシュ	□ 紙マスク
□ 絆創膏（ばんそうこう）	□ 使い捨て手袋
□ 虫刺され用の塗り薬	□ 包帯　など

園児がかかりやすい子どもの病気

子どもたちは、いろいろな病気を経験しながら、免疫力をつけ、強い体になっていきます。とはいえ、なるべく病気は初期の段階で気づき、軽いうちに病気を克服していくほうが、健やかな毎日を過ごすことができます。子どもたちがかかりやすい病気の知識をもって、保護者と連携していきましょう。

毎日の
健康観察

子どもを見て「いつもとちょっと違う」と感じたら、それは不調を訴えるサインかもしれません。年齢が小さいほど言葉で伝えることができないので、大人がしっかり察知していきましょう。

家庭で

登園前の元気チェック

朝起きたら、家庭で子どもの体調や様子を見てもらいましょう。保護者の情報を伝えてもらうことが、その日の保育の手助けにもなります。

家庭で
登園前の保護者チェック

□熱はありませんか？

□起きたときの機嫌はいいですか？

□顔色はかわりありませんか？

□朝ご飯はよく食べましたか？

□かゆがっているところはありませんか？

□うんちはしましたか？

こんなときは病院へ

・どことなく不機嫌で、目がとろんとしている、またはぼーっとしている

・発熱、下痢、おう吐がある

・ぶつぶつ（発しん）がある

・どこかを痛がる

・元気がなく、ぐったりしている

登園前に受診して、登園してもよいか確認してもらいましょう。

休園するときは、病名と症状を必ず伝えてもらうこと

園は子どもたちが集団で過ごす場です。体調を崩して園を休むときは、病名と症状を伝えてもらうようにしましょう。感染を広げないためにも、守ってもらうことが大切です。薬を飲んで登園するときも、必ず知らせてもらいましょう。薬によっては眠気をもよおしたり、ぼーっとしたりすることがあります。

園で

保育中に急に体調を崩したときは、保護者に連絡をします。前もって「連絡するときの目安」を伝えておくと、保護者も心構えができます。

見て触って健康チェック

登園後の保育者チェックも重要です。0歳児は一人一人だっこをしながら機嫌や顔色などを見て、手足が冷たく（熱く）ないかなどを確認します。1〜2歳児は一人一人に声をかけ、肌に触れて体調を見ていきましょう。3歳児以上の場合は、あそんでいる中で気になる子がいたら、直接声をかけて元気があるかどうかをチェックしましょう。

こんなときは、園から連絡

・熱が出たとき（「何度以上」、または「平熱より何度高くなったとき」のように、はっきり数値を示しておく）

・ひどい下痢、またはおう吐をしたとき

・頭痛や腹痛を訴えるとき

など

※このほかにも子どもの症状を見て、そのつど判断し、保護者に連絡をします。

園で 0.1.2歳児チェック

□顔色はいいですか？

□目やにや、目の充血はないですか？

□顔や手足のほかに、服で隠れているおなかなどにも発しんはありませんか？

□泣き声に元気がありますか？

□ミルクは飲みましたか？

一人一人の連絡帳を見ながら、家庭での睡眠時間、食事（ミルク）、便の様子などを確認します。

園で 3.4.5歳児チェック

□出席をとったときの「お返事」の声は元気ですか？

□顔色や表情はいいですか？

□肌に発しんができていたり、かゆがっていたりする子はいませんか？

□ぼんやりしている子、いらいらしている子、眠そうな子などはいませんか？

気になる様子が見られたら「どうしたの？」と声をかけましょう。朝ご飯を食べたか、うんちは出たか、眠くないかなど、たずねながら話を聞きます。

園でいちばんかかりやすい病気

風邪症候群

かぜしょうこうぐん

原因
●のどや鼻への、ウイルスや細菌の
　感染

主な症状
●発熱
●鼻水、鼻づまり
●のどの炎症、たん、せき
●食欲不振や吐き気、下痢

登園について
熱が下がると、まだ体調が不安定で
も登園してくる子も。熱がなくても
せきや鼻水が出るときは、体調はま
だ不安定なので、家庭で安静にして
もらうのが理想的です。

ここが押さえどころ!

 予防

手洗いとうがいが基本
予防接種では防げません。手洗いとうがいが基本
です。まだ一人で上手に手を洗えない0～1歳児
は、大人がぬれタオルで手をふきましょう。

♥ ケア

せきがひどいときは室内の加湿を
空気が乾燥していると、せきが出やすくなるので、
ぬれタオルを干す、カーテンに霧吹きをするなど
していきましょう。室温は22～25度くらい、
湿度は50～60%が目安です。

鼻水はこまめに取って
鼻水、鼻づまりをこじらせると、急性中耳炎（p.98）
を起こすことも。乳児の場合はミルクを飲みづら
くなるので、こまめに鼻水をふき取ります。

食欲がなくても、水分だけは補給して
食欲がないときは水分をこまめに補給しましょう。

 保護者へ伝達

発熱の経過は具体的に伝えて
微熱でも保護者に連絡をし、熱が上がったときの
お迎えをお願いしておきましょう。家庭ではおか
ゆや、やわらかめのうどんなど消化のよいものを
食べ、水分と睡眠を十分にとるよう伝えます。

発熱時のケアの基本

1 検温はきちんと正確に

「熱いかな」と思ったら、まず正確な体温を測ります。子どもの体温は、食後や大泣きした後は高くなるので、30分ほどしてから測りましょう。

体温計は、脇の下のくぼみに下から上に向けて入れます。

3 こまめな水分補給を

園でも家庭でも、水分はこまめに補給しましょう。一気に飲むと吐いてしまうことがあるので、少量ずつ回数を多く補給するのがポイントです。

2 発熱後は順次、衣類で調節

熱の上がり始めは悪寒がするものです。顔色が悪くて手足が冷たい、震えているときは、靴下をはかせたり、服を1枚多く着せたりして保温します。お迎えが来るまでは、寝かせて安静にしましょう。

その後、熱が上がりきったら服を1枚脱がせ、こもった熱を逃がします。汗でぬれた肌着もかえてさっぱりと。家庭では、体力を消耗するので入浴はさせず、蒸しタオルで体をふきます。

4 効果的に体を冷やして

首の後ろや太ももの付け根、脇の下といった太い動脈が流れている部分に、タオルを巻いた保冷剤などを当てて。体のほてりが和らぎます。

脇の下
太ももの付け根
保冷剤 ⬇ くるむ

---

memo ▶

風邪はこじらせないことが重要

2歳くらいまでは体の抵抗力が弱いため、風邪から気管支炎（p.94）や肺炎（p.96）、急性中耳炎（p.98）などを引き起こしやすくなります。「少し熱がある」「鼻が出る」という段階で、すばやくきちんとケアすることが、これらの病気の最大の予防策です。

COLUMN

登園してから3日間は安静に過ごして

子どもは熱が下がっても、すぐに体力が回復するわけではありません。登園してからも2〜3日は外あそびを控えてゆったりと過ごし、ぶり返さないよう配慮しましょう。

口蓋垂(のどちんこ)の周りが炎症を起こす

咽頭炎

いんとうえん

のどの
病気

かかりやすい年齢
0 1 2 3 4 5 6

ココがいたいの

咽頭

原因
● ウイルスや細菌がのどに感染し、咽頭に炎症を起こす

主な症状
● 口蓋垂(のどちんこ)の周辺ののどの痛み
● 発熱や軽いせき
● 全身の倦怠感

ここが押さえどころ!

 予防

毎日のうがいで感染予防
風邪と同じウイルスや細菌が感染して起こる病気です。室内に入るときには、うがいと手洗いを忘れずに。ウイルスや細菌の感染を予防できます。

♥ ケア

安静と水分補給がいちばん
のどに痛みがあるので、刺激のある食べ物は避け、脱水にならないよう水分はこまめに補給しましょう。基本のケアは風邪と同様です。ゆっくりと安静にしていれば、2~3日で回復します。

〈刺激の強い食べ物〉

 かんきつ類など

 熱いもの

 保護者へ伝達

加湿をして安静に
熱がなくてもせきがつらそうなときは、保護者に連絡しましょう。家庭では加湿器などで湿度を保ち、ゆっくり休養するようお願いします。

memo

ウイルス性と細菌性では、治療法が異なるので注意!
ウイルス性の咽頭炎は風邪と同様のケアで大丈夫ですが、細菌性の場合は、抗菌薬(抗生物質)での治療でないと治りません。見分けるのは難しいので、のどが痛むようなときは早めの受診を。

強いのどの痛みと真っ赤なはれ

扁桃炎

へんとうえん

かかりやすい年齢

0 1 2 3 4 5 6

みず のめないよ

扁桃

原因

●ウイルスや細菌がのどに感染し、扁桃に炎症を起こす

主な症状

●38～40度近い高熱

●目で見てわかるほどの、扁桃の真っ赤なはれ

●つばを飲みこめないほどの、激しいのどの痛み

●細菌が原因の場合は、発熱後、のどの奥に白い膿ができる

●細菌が原因の場合は、首のリンパ節がはれたり、耳に痛みが出たりすることもある

ここが押さえどころ！

 予防

手洗いとうがいが基本

咽頭炎と同じく、手洗いとうがいが基本です。

♥ ケア

食事は無理せず少しずつ

つばを飲みこむのも大変なほど、強い痛みがあります。食事は煮こみうどんやスープなど、のどごしがよいものから少しずつ始めましょう。

高熱のときは脱水に要注意

高熱が出て脱水になりやすいので、水分補給だけはこまめに行いましょう。

📞 保護者へ伝達

原因によって異なる治療法

咽頭炎と同じように、ウイルスが原因の場合は、風邪と同様のケアで回復します。しかし、細菌が原因の場合は、医師が処方した抗菌薬を、決められた期間服用することで回復します。

memo ▶

再発する場合は、耳鼻科に相談を
扁桃炎を頻回に繰り返す場合は、扁桃の摘出手術を受けたほうがよい場合も。一度耳鼻科への相談をすすめましょう。

ゴホゴホとたんのからんだ重たいせきが特徴

気管支炎

きかんしえん

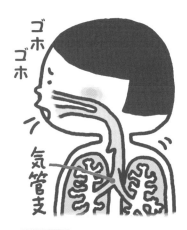

ゴホゴホ

気管支

原因
● ウイルスや細菌が気管支に感染して炎症が起こる

主な症状
● 38〜39度の発熱
● 「コンコン」と乾いたせきから、たんがからんだ「ゴホゴホ」というせきへ移行する
● 一日中せきが止まらない、寝ている間も湿ったせきが出る
● せきがひどくなると、呼吸困難を起こすこともある
● 食欲不振やおう吐が見られることもある

ここが押さえどころ！

 予防

室内の加湿でせきを予防
室内が乾燥していたり、気温が変化したりするとせきこみやすいので、湿度は50〜60％くらいを目安に調節しましょう。

❤ ケア

縦抱きで呼吸を楽に
せきこんでいるときは、上体を起こすとたんが切れて、呼吸しやすくなります。幼児の場合は上半身を起こした状態で、乳児の場合は縦抱きにして背中を軽くたたきましょう。

📞 保護者へ伝達

せきが長引くようなら再受診を
風邪と診断されても、ゴホゴホした重たいせきが続く場合や、寝ている間もせきが続くといったときは気管支炎を疑い、再受診をすすめましょう。

memo

0〜2歳児は急ぎ病院へ
2歳児以下は、気管支炎からすぐに肺炎（p.96）を起こすことがあります。4〜5日以上高熱が続く、せきがひどくて眠れないというときは、急ぎ小児科を受診しましょう。

ぜんそくに似た症状が明け方に出る病気

ぜんそく様気管支炎

ぜんそくようきかんしえん

原因
- ウイスルや細菌が気管支に感染して炎症が起こり、気管支の内側が狭くなる

主な症状
- 「ヒューヒュー」「ゼイゼイ」という、ぜんそくのような呼吸音
- 風邪をひくたびに、たんがからまるような呼吸をする
- 発熱、呼吸困難やチアノーゼを起こすことも

ここが押さえどころ！

 予防

室内は適度な湿度で風通しよく
ほこりや乾燥はせきを悪化させる原因。1時間ごとに窓を開けて換気し、室内はぬれぞうきんで掃除しましょう。湿度は50〜60%くらいを目安に。

 ケア

睡眠中にせきこむときは上半身を高く
せきこんで眠れないときは、布団の下にタオルなどを入れて上半身を高くしましょう。呼吸しやすく、寝つきやすくなります。

十分な水分補給が大事
脱水を防ぎ、たんを出しやすくするために、水分補給は十分に。スプーンで少しずつ飲ませます。

 保護者へ伝達

せきがひどいときは病院へ
熱もなく元気そうなら、いつもどおりの生活で大丈夫。熱があり息苦しそうなときや、せきこんで眠れないときなどは、すぐに小児科を受診してもらいます。0〜1歳児は気管支が細くて上手にたんを出せないため、この病気にかかりやすくなります。気管支ぜんそく（p.114）と症状が似ていますが、年少児では区別がつきにくいので、自己判断は禁物です。

激しいせきと高熱が続く

肺炎
はいえん

原因
- 風邪などをこじらせて、ウイルスや細菌が肺まで入りこみ、炎症が起こる

主な症状
- 38〜40度近い高熱と激しいせき
- 「ゴホゴホ」と、たんがからんだようなせきが3〜4日続く
- 呼吸が荒くなる
- 呼吸困難やチアノーゼを起こすこともある
- 下痢、おう吐を伴う場合もある

ここが押さえどころ！

予防

「ゴホゴホ」のせきは早めの受診を
肺炎は風邪や気管支炎（p.94）をこじらせてかかることがほとんどです。風邪のせきは「コンコン」と乾いているのに対し、肺炎の場合は「ゴホゴホ」という湿ったせきや、「ゼイゼイ」というたんがからんだようなせきが特徴。たとえ熱がなくても、こうしたせきが続く場合は、肺炎の可能性があるので、早めに受診をすすめます。

ケア

重症のときは、入院治療も
肺炎は軽症なら通院での治療が可能ですが、重症になると入院して、抗菌薬（抗生物質）での治療を行います。

保護者へ伝達

原因や症状によって適切なケアが必要
肺炎は原因によって治療が異なります（p.97）。症状が軽い場合は家庭でのケアが中心です。せきがひどい場合は、呼吸が楽になるように上体を高くして寝かせます。登園は症状を見ながら医師と相談をしましょう。病後は体力を消耗しているので、登園後しばらくは外あそびはなるべく控え、ゆっくり過ごすよう配慮することが大切です。

肺炎の種類を知っておこう

ウイルス性肺炎

かかりやすい年齢
0 1 2 3 4 5 6

最も子どもがかかりやすいのがウイルス性肺炎。麻疹(p.134)やインフルエンザ(p.132)にかかった後になりやすく、生後半年くらいから発症します。症状は比較的軽く、熱も37〜38度程度で重症化することはほとんどありません。比較的元気であれば、入院はせず、家庭で安静にしながら通院して治します。完治までには1〜2週間ほどかかるので、登園は医師と相談して決めましょう。

細菌性肺炎

かかりやすい年齢
0 1 2 3

重症化しやすい肺炎です。特に月齢の低い乳児に多く、生命にかかわることもあります。39度以上の高熱と激しいせきが続き、呼吸困難やチアノーゼを起こすこともあります。症状が急激に悪化しやすいので、早期の治療が重要です。入院治療をすることもあり、完治までには、約2週間かかります。

マイコプラズマ肺炎

かかりやすい年齢
5 6

微生物のマイコプラズマが原因で起こる肺炎。しつこく続くせきが特徴で、1か月以上長引く場合もあります。入院することもありますが、ほとんどは通院で治ります。比較的元気がありますが、うつることもあるので、園は休みます。完治するまでは、2〜3日から1か月以上と個人差があるので、登園や治療については医師と相談して決めましょう。

クラミジア肺炎

かかりやすい年齢
0

クラミジア肺炎は、乳児特有の肺炎。コンコンという軽いせきから始まって、しだいに呼吸が荒くなります。発熱は微熱程度ですが、鼻水や結膜炎、目やにといった症状が見られることもあります。抗菌薬を投与して治療します。

memo

年齢が低いほど、風邪との見分けが難しい

0歳児の肺炎は、ふつうの風邪との見分けが難しいもの。せきが長引き、ぐったりしている、呼吸が普段と違うというときは、念のため受診をすすめましょう。早期に診断がつくことで、悪化を防ぐことができます。

COLUMN

回復後は家庭で安静に

いずれの肺炎の場合も、熱が下がった後も症状が落ち着くまでは、家で安静にして過ごしてもらいましょう。登園後も抗菌薬の投与が必要な場合は、飲ませ方や回数について医師の指示をもとに、よく家庭と話し合っておきましょう。

ひどい痛みと高熱が特徴

急性中耳炎

きゅうせいちゅうじえん

かかりやすい年齢
0 1 2 3 4 5 6

原因
● ウイルスや細菌が中耳に入りこ
み、炎症を起こす

主な症状
● **激しい耳の痛みと高熱**
● **耳の中に膿がたまる、耳だれが
出る**
● 一時的な難聴や鼓膜の充血
● ひどい痛みのために、しきりに
耳を触る、機嫌が悪くなる
● 風邪をひいた後に、再び高熱が
出ることが多い

ここが押さえどころ！

 予防

鼻水はこまめに取るように
耳と鼻は耳管という管でつながっています。鼻風
邪をひいたときなどに、鼻水にたまったウイルス
や細菌が耳管を通って中耳に流れこみ、急性中耳
炎になります。特に0～2歳児は耳管が短いため
耳に流れやすく、急性中耳炎になりやすいのです。
子どもの鼻水は、こまめに取るようにしましょう。

❤ ケア

高熱や強い痛みには解熱剤で
痛みが強く高熱が出たときは解熱剤（鎮痛剤）を
使います。多くの場合、抗菌薬（抗生物質）を飲
めばよくなりますが、鼓膜を切って膿を出すこと
もあります。

寝かせるときは患部を上に
急性中耳炎は非常に強い痛みがあるのが特徴です。
眠るときは、痛がるほうの耳を上にしましょう。
ぬれタオルを耳に当てると痛みが和らぎます。

 保護者へ伝達

治療は完治するまで根気よく
中耳炎は繰り返しやすく、滲出性中耳炎（p.99）
にも移行しやすいので、完治するまで治療を続け
ることが大切です。

耳の聞こえにくさが最大の症状

滲出性中耳炎

しんしゅつせいちゅうじえん

耳の病気

かかりやすい年齢
0 1 **2 3 4 5 6**

原因
- 中耳内に分泌液（ぶんぴつえき）がたまり、聞こえが悪くなる
- 風邪や急性中耳炎から移行することも多い

主な症状
- **耳が聞こえにくい**
- **呼んでも返事をしない**
- 音がこもって聞こえたり、耳鳴りがしたりする
- 扁桃炎（へんとうえん）や急性中耳炎からかかりやすい

ここが押さえどころ！

 予防

耳の異変を見逃さないで

急性中耳炎と違って痛みも発熱もないため、周囲が気づきにくい病気です。耳に分泌液がたまって聞こえが悪くなるので、名前を読んでも子どもの反応が鈍（にぶ）い、大声で話す、耳をしきりに触るといった反応が見られたら、滲出性中耳炎を疑いましょう。放置しておくと難聴につながります。

 ケア

完治（かんち）するまで根気よく見守る

抗菌薬や抗炎症剤で治すこともありますが、症状によっては、鼓膜を切開して分泌液を抜くこともあります。再発しやすく、また治療も半年から2年くらいと長期に及ぶので、完治まで気長に見守りましょう。

📞 **保護者へ伝達**

「おかしいな」と思ったら、耳鼻科へ

聞こえにくさや耳の異変に気づいたら、耳鼻科を受診するようすすめましょう。主に風邪が悪化して急性中耳炎（p.98）にかかり、さらに重症化して滲出性中耳炎になるケースが多く見られます。風邪や急性中耳炎を放置しないことが大切です。

第2章　園児がかかりやすい子どもの病気

耳の入り口付近の湿しんや痛み

外耳炎

がいじえん

耳の
病気

かかりやすい年齢
0 1 2 3 4 5 6

イタ
タタ…

原因
●外耳道（耳の入り口から鼓膜まで）への細菌感染

主な症状
●**ひどい痛み**（耳を押したり、引っぱったりすると痛む）
●**耳の中に膿がたまる、耳だれが出る**
●微熱が出ることもある
●かゆみが出ることもある
●物をかんだり、飲んだりするだけでもひどく痛む

ここが押さえどころ！

 予防

大人の「耳かき」に注意
耳かきなどでできた傷に細菌がつくほか、プールの水などが耳に入り細菌感染して起こります。家庭での耳そうじは、やりすぎに注意してもらいましょう。また、プールで耳に水が入ったときは、こよりなどで吸い取ることも大切です（p.57）。

♥ ケア

耳をむやみに触らない
抗菌薬（抗生物質）や消毒、軟こうなどによって治します。子どもが患部を汚れた指で触るとさらに悪化するので、耳を触らないよう声をかけていきましょう。

 保護者へ伝達

耳かきは慎重に
再発しやすい病気なので、治った後も家庭で耳そうじをするときは明るいところで行い、耳かきを奥まで入れないように伝えます。

memo

0〜1歳児は「不機嫌」サインに注意
0〜1歳児は、痛みを言葉で伝えられません。普段よりぐずるときは耳の中を確認。黄色い膿や、独特なにおいがあるときは、外耳炎を疑います。

鼻が詰まって頭がぼーっとする

副鼻腔炎

ふくびくうえん

原因
● 鼻の粘膜へのウイルスや細菌の感染

主な症状
● **ひどい鼻づまり**
● **黄緑色の粘り気のある鼻水**
● たんがからんだせき
● 頭がぼーっとして、注意力が散漫になる
● 発熱や頭痛を伴うこともある

ここが押さえどころ！

予防

鼻水は片側ずつやさしくかんで
副鼻腔炎は、副鼻腔（鼻の奥の空洞）にウイルスや細菌が感染し、炎症を起こす病気です。子どもは副鼻腔が未発達なので、風邪をひくとすぐに炎症を起こし、黄緑色の鼻水がたまります。予防のためには、鼻水が出たらこまめにかみ、鼻の中の換気をよくしておくことが大切です。

ケア

治療は完治するまで継続を
抗菌薬の内服と、鼻の奥にたまった鼻水の吸引で治します。治療には数週間から数か月かかりますが、途中でやめると細菌感染が慢性化して蓄膿症になりやすいので、治るまで継続することが大切です。

保護者へ伝達

症状が10日以上続くときは耳鼻科へ
風邪の症状と似ているため、小児科を受診しても見過ごされてしまいがちです。せきや鼻水が10日以上続く場合は副鼻腔炎を疑い、耳鼻科への受診をすすめましょう。

乳幼児は重症化の危険を伴う

脳炎・脳症

のうえん・のうしょう

注意が
必要な
病気

定期接種
有

かかりやすい年齢
0 1 2 3 4 5 6

原因

- ウイルスや細菌が脳に感染し、大脳や小脳が炎症を起こす

主な症状

- **突然の 38 〜 39 度以上の高熱**
- **けいれんやひきつけを起こす**
- **頭痛やおう吐**
- **手足のまひ**
- **意識障害（ぐったりする、ぼーっとするなど）**
- **髄膜炎より脳炎のほうが後遺症を残しやすい**

ここが押さえどころ！

 予防

生後 2 か月から予防接種を

突発性発疹の後にかかることもありますが、百日ぜき、麻疹、風疹、水痘、日本脳炎、ロタウイルス、そしてインフルエンザの合併症による脳炎・脳症は、予防接種で防ぐことが可能です。

♥ ケア

症状が急変したら、すぐに病院へ

脳炎の症状は非常に早く進行します。さっきまで元気だったのに、突然高熱が出たり意識がもうろうとしたりするときは、大至急病院へ。

早期治療が重要

入院しながら薬物療法が行われます。早期に治療すれば順調に回復しますが、治療が遅れると、まひや知能障害などの後遺症が残ったり、命の危険にさらされたりすることもあります。

 保護者へ伝達

異変に気づいたら、大至急病院へ

高熱に加えて意識障害やけいれんが見られる場合は、夜中でもすぐに病院へ行くよう伝えます。

首が硬直し、高熱が続く

髄膜炎
ずいまくえん

注意が
必要な
病気

任意接種
有

かかりやすい年齢
⓪ ① ② ③ ④ ⑤ ⑥

原因
●脳や脊髄を包む髄膜が細菌やウ
イルスに感染し、炎症を起こす

主な症状
●高熱
●おう吐
●頭痛
●意識障害（意識がもうろうとし、
　意味不明のことを口にする、う
　とうとする）
●首の硬直

ここが押さえどころ！

 予防

生後2か月から予防接種を
Hib（インフルエンザ菌b型）ワクチンと小児肺
炎球菌ワクチンで、ほとんどの細菌性髄膜炎を予
防することができます。

♥ ケア

ウイルス性（無菌性）なら心配なし
髄膜炎にはウイルス性（無菌性）と細菌性があ
り、ウイルス性の多くは夏風邪や流行性耳下腺炎
（p.153）などの合併症として発症します。症状も
軽く、診断後は安静にしていれば1〜2週間で回
復し、後遺症の心配もほとんどありません。

細菌性の場合は早期治療がカギ
細菌性髄膜炎は、2週間〜1か月の入院治療が必
要。抗菌薬（抗生物質）の点滴で治療します。か
かる確率は低いものの重症化しやすく、手足のま
ひや難聴などの後遺症が残ったり、中には命を落
としたりするケースもあります。

 保護者へ伝達

意識障害と首の硬直は危険！
風邪と似ていますが、高熱のほかに意識障害や首
の硬直など、少しでもふつうの風邪と違う様子が
見られる場合は、急ぎ救急車を呼びましょう。

第2章

園児がかかりやすい子どもの病気

103

血管が炎症を起こす、原因不明の病気

川崎病

かわさきびょう

注意が
必要な
病気

かかりやすい年齢
0 1 2 3 4 5 6

原因

● 原因は不明

主な症状

● 38 度以上の高熱が 5 日〜1 週
間続く
● 全身に出る赤い発しん
● 手足のむくみ、ぱんぱんになる
ほどのはれ
● 首のリンパ節のはれ
● 口や唇のはれと、舌にぶつぶつ
とした発しん
● 目の充血

※特に 4 歳以下の子どもに多い

ここが押さえどころ！

 予 防

原因不明、突然の発病に注意

原因は不明。4 歳以下の子どもに多く、中でも 1
歳前後の発生が多く見られます。

♥ ケア

高熱が続くときは要注意

高熱が 5 日ほど続き、主な症
状のうち 5 つ以上当てはまる
場合は、川崎病の可能性が濃
厚です。すぐに小児科を受診
する必要があります。

心臓に後遺症が残ることも

心臓の血管（冠動脈）にこぶができることがあり
ます。

入院での治療が基本

発症したら、入院治療が必要です。

 保護者へ伝達

後遺症のケアは園と保護者で協力を

登園は医師の判断がおりてから。心臓に後遺症が
残った場合は、定期検査などが必要になることも。
治るまで時間がかかるので、保護者の心の支えと
なっていきましょう。

脂ろう性湿疹

しろうせいしっしん

かかりやすい年齢
0 1 2 3 4 5 6

かさぶた→

原因

- 母体からもらったホルモンの関係で皮脂が過剰に分泌され、髪の生え際などに湿しんができる

主な症状

- 皮脂の多い髪の毛の生え際や、まゆ毛などに、黄色いフケのようなものがつく

※かゆみはほとんどなく、数か月で自然治癒することが多い
※生後6か月未満に多い

ここが押さえどころ！

予防

余分な皮脂を洗い流して

6か月未満の子どもによく起こる、乳児湿しんの一つです。頭皮や顔の皮膚を、泡立てたせっけんで洗いましょう。

ケア

髪の毛は、円をえがいてやさしく洗って

髪の毛の生え際あたりにできた湿しんは、刺激の少ないベビー用のせっけんをよく泡立てて、円をえがきながらやさしく洗います。まゆ毛の上の湿しんは、せっけんを泡立てたガーゼで軽くこすります。

かさぶたは無理に取らないで

頭皮についたかさぶたは無理に取らずに、おふろでふやけているものだけを洗い流します。

保護者へ伝達

じゅくじゅくしたときは、皮膚科へ

じゅくじゅくしたり、化のうしたりしているときは、小児科か皮膚科の受診をすすめます。重症の場合は、ステロイド外用剤が処方されます。

汗をかくことで出る発しんとかゆみ

あせも

ボリボリ

背中、首、
脇の下

ひじ、ひざの裏側

原因
- 汗が出る汗腺に、ほこりやあか がたまることで炎症を起こす

主な症状
- 汗のたまりやすい背中や首、ひ じやひざの裏などに、**かゆみの ある、赤いぶつぶつした発しん が出る**

ここが押さえどころ！

 予防

汗をかいたら、シャワーで流して
あせもは、汗腺に汗がたまり、そこに炎症が起こっ た状態のことをいいます。普段から汗を洗い流し たり、ぬれタオルでこまめにふいたりして、汗が たまらないようにすることで予防しましょう。

 ケア

悪化したときはステロイド外用剤で治療
ケアの基本は予防と同じ、肌を清潔に保つことで す。悪化したときは、非ステロイド外用剤やステ ロイド外用剤を使用します。

冷房の温度設定は、こまめに調整を
冷房を適度に利用して、快適な環境をつくりましょ う。夏場の設定温度は、外の気温の－5度以内が 目安です。それでも30度を超えるときは、もう 少し低い設定で。

 保護者へ伝達

下着は、ノースリーブよりそで付きで
下着はあせも予防に効果的。ただしノースリーブ では脇の下の汗を吸わないので、そでのある綿素 材のものを選んでもらいましょう。

おむつの当たる部分が炎症を起こす

おむつかぶれ

発しんの
出る
病気

 ここが押さえどころ！

 予防

おむつがえはこまめに行う

布製、紙製を問わず、おむつはこまめにかえます。サイズが小さめだと、おなかや太ももなどの締めつけ部分に症状が出ることがあります。

❤ ケア

排便後は洗い流して、しっかり乾燥

排便後はシャワーで便を洗い流し、水滴をタオルでふき取ります。肌はこすらず、とんとんと軽くたたくようにふくことが大切です。水滴が残ったままでおむつをつけないように注意しましょう。

 保護者へ伝達

ケアをすれば、1週間ほどで回復する

こまめにおむつをかえて清潔にしていれば、自然に治ります。ひどい場合は病院で非ステロイド外用剤を処方してもらいましょう。

原因
- 便や尿に含まれるアンモニアや酵素（こうそ）などの刺激で、おしりの皮膚が炎症を起こす

主な症状
- **便や尿がついた部分が赤くなる**
- **おむつが当たっている部分の皮膚に、赤いぶつぶつができる**
- 炎症部分に痛みやかゆみが出て、ただれることもある

memo

おしりふきはなるべく使わずに
市販のおしりふきは刺激が強すぎる場合があるので、おむつかぶれを起こしているときは、使用を避けてシャワーで洗い流しましょう。

カンジダ性皮膚炎

かんじだせいひふえん

かかりやすい年齢
0 **1** **2** 3 4 5 6

原因

- 真菌（カビ）の一種であるカンジダ菌がおしりや陰部、股などのこすれやすい部分に感染し、炎症を起こす

主な症状

- 皮膚の表面だけでなく、しわの奥までかぶれる
- おしりや股、陰部の皮膚が、赤く鮮やかな色にただれる
- 縁の皮がめくれてくる

ここが押さえどころ！

 予防

清潔を保つ

おむつかぶれと同様に、おむつをこまめにかえて。おしりや性器を清潔に保つことが大切です。

ケア

清潔と乾燥がいちばんのケア

病院で処方された抗真菌剤で治します。おむつがえのたびにシャワーで患部を洗い流し、タオルでしっかり水滴をふき取ります。その後、処方された薬を塗ります。

 保護者へ伝達

薬は決められた期間を守って使う

病院で処方された薬を使えば、1～2週間で治ります。途中でやめると再発することもあるので、決められた期間は必ず塗り続けることが大切です。

memo

ステロイド外用剤は、悪化の原因に

カンジダ性皮膚炎とおむつかぶれは似ていますが、カンジダ性皮膚炎にステロイド外用剤を使うと悪化します。自己判断せず、受診をすすめて。

アレルギーについて知っておこう

アレルギーの病気にかかる子どもは年々増えています。子どもを預かる保育者として、アレルギーを引き起こす主な原因（アレルゲン）について知っておきましょう。

アレルギーって何？
特定のものに、体が過剰反応する

　アレルギーとは、通常なら体に害のないものに免疫が過剰に反応して、さまざまな症状を起こす状態のこと。アレルギーの原因になるもの（アレルゲン）は人によってさまざまです。どんなものがアレルゲンとなりやすいか知っておくとともに、担当する子どものアレルゲンには、細心の注意を払いましょう。

園での対応

生活全般の見直しを
食物アレルギー対策は、調理や食事のことに集中しがちですが、工作に使う牛乳パックや小麦粉粘土など、食物由来の活動は意外と多いもの。生活全般をチェックしましょう。

アレルギーの主な原因物質と症状		園での対応
食品	特定の食べ物によって、皮膚のはれ、おなかの痛みや下痢の症状などが起こります。子どものアレルギーの中でも、最も多いものです。	園で提供する食事やおやつから、原因となる食品を除去します。
ハウスダスト	ダニのフンや死骸などを含む細かいちりを指します。気管支ぜんそくやアレルギー性鼻炎、アレルギー性結膜炎などを起こします。	毎日の衛生管理をしっかり行い、身の回りのハウスダストを減らします。
花粉	特定の植物の花粉にアレルギー反応を起こし、目（結膜）のかゆみや鼻水などが出ます。原因となる植物の花粉が飛ぶ時期だけ症状が起こります。	症状が出ている時期は、身の回りの花粉が少なくなるよう配慮します。
化学製品・化学成分	特定の化学物質に触れた部分に症状が出ます。小さな子どもでは、かゆみ止めや虫よけの成分がついた部分にかぶれが起こることがしばしばです。	園で虫よけなどを使う場合は少量にとどめ、塗った後は、皮膚をよくチェックしましょう。

アトピー性皮膚炎

あとぴーせいひふえん

かかりやすい年齢

0 1 2 3 4 5 6

かゆ〜〜〜いっ!!

原因

- 皮膚が炎症を生じやすいアレルギー体質（アトピー素因）をもっていることと、皮膚バリア機能が低下していること

主な症状

- かゆみのある湿しんが、よくなったり悪くなったりを繰り返す
- 乳児では顔や首から始まり、体や手足に広がる
- 幼児ではひじやひざの裏側、おしりに、赤いかさかさした湿しんができやすい

ここが押さえどころ！

 予防

皮膚のバリア機能を保つ

皮膚を清潔に保ち、保湿剤を使用することで、外部からの刺激を防ぐ皮膚のバリア機能を保ちます。

悪化要因を除去

汗、ダニやカビ、動物の毛、疲れやストレスなど、皮膚の状態を悪化させる要因を除去します。

 ケア

食べ物が原因のときは、除去食の対応を

特定の食べ物が原因のときは、医師の診断書をもとに、除去食の対応を考えます。

保護者へ伝達

原因を特定し、医師や園と連携して

アトピー性皮膚炎は、子どもにとても多い病気ですが、かゆみと湿しんだけで自己判断をするのは危険です。必ず医師の診察をすすめましょう。

memo

保護者の気持ちに寄り添って

アトピー性皮膚炎の治療は長期戦。保護者の気持ちに寄り添いながらサポートしていきましょう。

アトピー性皮膚炎のケアポイント

1 プールの後は シャワーでよく洗い流す

プールの水に含まれる塩素が肌を刺激し、症状が悪化することがあります。プールの後はせっけんで洗い、シャワーで流しましょう。

2 食べこぼしは こまめにふいて清潔に

乳児の場合、食べこぼしが肌への刺激になります。口の周りについた食べこぼしは、そのつど、ぬれタオルでやさしくふき取ります。

3 汗をかいたらこまめに着替えを

汗で患部が刺激されると、かゆみが増します。外あそびや午睡の後などに汗をかいていたら、タオルで汗をふき取り、肌着をかえましょう。乳児は授乳だけでも汗をかきます。背中を触ってぬれていたら着替えをしましょう。

4 乾燥する季節には保湿剤を

治療薬には、皮膚の乾燥を防ぐ保湿剤と、かゆみを抑えるステロイド外用剤があります。園でも使う場合は、保護者に生活管理指導表の提出をお願いし、その指示どおりに使いましょう。

食物アレルギー

しょくもつあれるぎー

かかりやすい年齢
0 1 2 3 4 5 6

原因

- 食べ物。特に0歳児では鶏卵（けいらん）、牛乳、小麦が多い

主な症状

- 皮膚が赤くはれたり、かゆくなったりする
- じんましんが出たり、唇やまぶたがはれたりする
- おなかの痛みや下痢（げり）、せきなど
- アナフィラキシー（p.32）を起こすこともある

ここが押さえどころ！

 予防

原因となる食べ物を提供しない

食物アレルギーを起こす食べ物を含まない「除去食」を用意します。メニュー決め、調理、配膳のすべての過程でミスが起こらないよう、手順を決めておきましょう。

加工食品の原材料もチェック

園で調理する食材だけでなく、市販のおやつや加工食品の原材料も忘れずにチェックします。

♥ ケア

安静にしてすぐに対応する

原因となる食品を誤って口にしたときは、口の中に残ったものがあればうがいで取り除き、安静にさせて様子を見ます。薬を預かっている場合は飲ませ、必要ならすぐに受診しましょう。

 保護者へ伝達

トラブルが起こったときの対応を決めておく

万が一誤食が起こったときに備えて、園で薬を預かる必要があるか、医師に確認してもらいましょう。受診先の医療機関を、保護者と共有しておくと安心です。

園で対応するときのポイント

1 誤食に注意する

小さな子どもでは、ほかの子どもの食べ物に手を伸ばしたり、拾い食いしたりといった事故が起こります。食物アレルギーのある子どもに最初に配膳し、職員がつき添って見守りましょう。

2 食事以外でも事故が起こる

食物アレルギーは、原因の食品に触れたり、吸いこんだりして症状が起こることもあります。工作に使う材料にアレルゲンが含まれることのないよう注意しましょう。

3 除去をやめるときは医師の判断を

日常生活で園や家庭で食べる量では症状が出ないと診断されたときは、医師の判断のもとで除去食をやめることを、書面や連絡帳などに記載して提出してもらいます。

4 除去をやめた後も見守る

除去を解除した後も、風邪や下痢などで体調が悪いときに症状がぶり返すことがあります。園での対応が終わった後も、症状がないか注意して見守りましょう。

よかったですね

お願いします

---

memo

保護者の負担を考慮して、正しい情報を発信！

食物アレルギーの対応は負担が大きいですが、腸管が発達すると、食物アレルギーの症状が軽くなったり、出にくくなったりしてきます。正しい情報を伝えて保護者をサポートしましょう。

せきや息苦しさ、呼吸困難を起こす

気管支ぜんそく

きかんしぜんそく

かかりやすい年齢
0 1 2 **3 4 5** 6

原因

- **室内のほこり（ハウスダスト）に含まれるダニのフンや死骸**
- 特定の植物の花粉や動物の毛
- これらのアレルギーによって気管支に炎症が起こり、気管支が狭くなって呼吸困難の発作を繰り返す

主な症状

- **「ヒューヒュー」「ゼイゼイ」という呼吸音を伴う息苦しさ**
- **激しいせき**
- 運動時に症状が起こることがある
- 日常生活に支障のないものから、呼吸困難を起こすものまで、症状の程度はさまざま

ここが押さえどころ！

 予防

室内のほこり対策を十分に

床をこまめにふき掃除する、寝具をよく日干しにするなど、室内を清潔にします。

動物との触れ合いはよく相談して

園で小動物を飼っている、動物園に行く予定があるなどの場合で、動物の毛がアレルゲンの子どもがいるときは、保護者と対応を話し合いましょう。

 ケア

息苦しいときはすぐに１１９番通報を

軽い発作時は、まず子どもが楽になる姿勢にして、水分を少しずつとってたんを出させましょう。呼吸困難があるときや、唇や指先が青紫色になっている（チアノーゼの状態）ときは救急車を呼びます。

 保護者へ伝達

園での様子をしっかり伝える

園で症状に気づいたら、どんな活動でどのような症状があったかを詳しく伝えましょう。

memo ▶

薬の使用は、保護者とよく話し合う
発作時に、狭くなった気管支を広げる薬が処方されることがありますが、扱いが難しいため、園で預かるかどうかは、保護者とよく話し合いましょう。

気管支ぜんそくの症状とケアのポイント

発作のサインはさまざま

息苦しい様子があるときやゼイゼイしているときは、症状がある程度重いサイン。いつもどおりあそんだり食べたりすることができているかなど、生活の様子をよく観察しましょう。

軽い

- 軽くヒューヒューする
- いつもどおりあそんだり食べたりすることが可能
- 午睡時、よく寝られる

- 明らかにゼイゼイして、息苦しさがある
- 息を吸いこむときに、のど元（鎖骨のくぼみ）やみぞおちがへこむ
- 元気がなく、午睡中にときどき目を覚ます

重い

- 息苦しくて普段の活動ができない
- ゼイゼイする音が強く、呼吸困難
- のど元やみぞおちが大きくへこむ
- 息苦しさで横になれない

重い発作のサインは一つもない

軽く前かがみにさせて、飲めるようなら水分補給をして様子を見ましょう。保護者には発作が起こった旨を連絡し、対応を相談します。

重い発作のサインが一つでもある

保護者に連絡し、対応を相談する そのうえで……

1 預かっている薬があれば使う

2 すぐに受診する

発作が重いときは、すぐに保護者に連絡し、薬や受診について相談します。重い発作は命にもかかわるので、必要なときはためらわずに救急車を呼びましょう。

アレルギー性鼻炎

あれるぎーせいびえん

アレルギーの
病気

かかりやすい年齢
0 1 2 **3 4 5 6**

くしょん

原因
● 花粉やハウスダストなどが、鼻の粘膜（ねんまく）を刺激して起こる

主な症状
● くしゃみ
● さらさらした水のような鼻水
● 鼻づまり
● 風邪の初期症状と似ているが、発熱はほとんどない

ここが押さえどころ！

 予防

徹底した掃除で、原因を取り除く
ダニやほこりなどのハウスダストが原因の場合は、こまめに掃除を。床は水ぶきをして、1時間ごとに窓を開けて空気を入れかえましょう。

 ケア

園では鼻づまりに注意
症状によって使用する薬が違います。園では鼻水をこまめに取って、急性中耳炎（ちゅうじえん）（p.98）にならないように注意しましょう。

📞 **保護者へ伝達**

長引く鼻水やくしゃみには要注意
水っぽい鼻水が止まらない、くしゃみを繰り返すといった症状が10日以上続くときや、特定の季節に症状が出るといったときは、アレルギー性鼻炎の可能性が。小児科か耳鼻科の受診をすすめましょう。

memo

アレルギー性鼻炎と花粉症の違いは？
アレルギー性鼻炎のうち、原因となる花粉が飛散（ひさん）する時期に出るものを花粉症と呼びます。

目の充血と我慢できないかゆみ

アレルギー性結膜炎

あれるぎーせいけつまくえん

アレルギーの病気

アレルギーの
病気

かかりやすい年齢
0 1 2 **3 4 5 6**

原因

- 花粉やハウスダストなどが、目の粘膜を刺激して起こる

主な症状

- **目の充血や強いかゆみ**
- **目やにや涙**
- 目の中の異物感
- まぶたのはれ
- 花粉が原因の場合は、くしゃみを繰り返すこともある

ここが押さえどころ！

 予防

室内に入るときは顔を洗って

外から帰った後は手といっしょに顔も洗います。目の周りを強く洗うと充血するので、やさしく洗いましょう。

♥ ケア

冷たいタオルでかゆみを軽減

ひどくかゆがるときは、目の上に冷やしたタオルをのせると、かゆみが和（やわ）らぎます。

目薬は、必ず処方されたものを

抗アレルギー薬など、処方された目薬を点眼して治療します。園でも投薬する場合は、医師の診断書や依頼書などを提出してもらいましょう。

 保護者へ伝達

目のかゆみ、目やにが続くときは眼科へ

子どもの目が充血していたり、ひどくかゆがったりするのが続くときは、原因をはっきりさせるためにも、一度眼科の受診をすすめましょう。

子どもにも増えている
花粉症
かふんしょう

アレルギーの
病気

かかりやすい年齢
0 1 2 **3 4 5 6**

原因
- スギやヒノキ、ブタクサなどの花粉がアレルゲンとなり、目や鼻の粘膜に炎症が起こる

主な症状
- 目がかゆくなり、充血する
- まぶたがはれる
- 鼻水が出る、鼻がつまる
- 鼻がムズムズしてくしゃみが出る
- 鼻づまりで寝つけない

ここが押さえどころ！

 予防

花粉の多い季節・時間帯に注意
こまめにふき掃除をして保育室の中の花粉を減らし、外から花粉を持ちこまないよう注意しましょう。花粉症の子どもがいるクラスでは、花粉の多い時期には、外あそびのタイミングに配慮します。

♥ ケア

体についた花粉を取り除く
外あそびから帰ったら、手を洗い、うがいをさせて花粉を取り除きます。顔を洗うと目や鼻に花粉が流れこみやすいため、ぬらしたタオルで顔をふきましょう。

📞 保護者へ伝達

衣類の選び方で症状を和らげて
園で着る衣類は、花粉のつきにくい素材を選ぶとよいでしょう。

長引く風邪は花粉症の疑いも
鼻水が長引く、鼻づまりがひどくて午睡できない、毎年同じ季節に鼻づまりが出るなどの様子が見られたら、花粉症の可能性があります。小児科や耳鼻咽喉科を受診するようすすめましょう。

花粉症のケアのポイント

1 花粉の飛びやすい状況を避ける

●晴れた日
晴れて暖かい日は開花が進むため、花粉の量が多くなります。

●風が強い日
風に飛ばされて、たくさんの花粉が舞い散ります。

●雨の次の晴れの日
雨の日は開花しづらいため、その後の暖かい日に花粉がどっと増えます。

●午後から夕方
朝に開花して花粉が舞い始めるため、午後は午前中より花粉の飛ぶ量が多くなります。

花粉の多い日は保育を工夫して
花粉の多いシーズンは室内での活動を増やす、外あそびは午前中にするなど、花粉にさらされる時間が少なくなるように配慮します。

2 室内に持ちこまない

●はたかず、ふき取る
室内に入るときに、衣類についた花粉を取り除きます。衣類をはたくと花粉が砕けて舞い散るため、ぬらしたタオルや粘着テープなどでふき取りましょう。

●花粉のつきにくい素材を伝える
ウールは花粉がつきやすいため、花粉の季節はウールの服の上に綿のシャツをはおる、ツルツルした素材の上着を選ぶなどの工夫を呼びかけるとよいでしょう。

突然現れる、強いかゆみを伴う発しん

じんましん

アレルギーの
病気

かかりやすい年齢
0 1 2 3 4 5 6

ここが押さえどころ！

 予防

食物アレルギー対策が予防になることも

食物アレルギー対策を徹底します。ただし、多くの場合原因不明のため、予防は難しいです。

ケア

発しんを冷やしてかゆみを和らげる

温めるとかゆみが強くなります。ゆっくり休ませて、かゆみが強いときは、ぬらしたタオルを当てて冷やしましょう。

おさまった後も様子を見る

早ければ数分でおさまりますが、ほかの場所に広がる場合も。衣類で隠れたところをかゆがる様子はないかなど、続けて見守りましょう。

 保護者へ伝達

繰り返すときは検査を

短時間でおさまったとしても、じんましんを繰り返すときやかゆみが強いときは、念のため小児科や皮膚科への受診をすすめましょう。

原因

- 特定の食物によるアレルギー
- 温度などの刺激
- 疲れやストレスが原因になるともいわれるが、はっきりしないことも多い

主な症状

- 輪郭のはっきりした、盛り上がった発しん
- 強いかゆみ
- 赤みやピンクを帯びることも
- 突然現れ、数分～数日で消えて、ほかの場所へ移動する

じんましん Q & A

Q 原因は？

A わからないことも多い

じんましんといえば食物アレルギーというイメージが強いですが、原因がわからないことがほとんどです。長期にわたって繰り返すこともありますが、はっきりとした原因がわからないうちに自然におさまるケースも少なくありません。

意外なじんましん「寒冷じんましん」

夏、暑い室外からエアコンのよく効いた室内に入ったときや、冬に半そでで寒い室外に出たときなど、急に寒さにさらされたときに出るじんましんを「寒冷じんましん」といいます。園でも、季節のかわり目で急に寒くなった日に、薄着の子どもに寒冷じんましんが出ることがあります。

じんましんは冷やすのが基本ですが、寒冷じんましんは冷やすと悪化します。急な温度変化がきっかけでじんましんが出たときは、暖かい場所で安静にさせて様子を見ましょう。

Q 治療は？

A アレルギーを抑える薬やかゆみを鎮める薬を使う

原因が特定できないときは、短期間、抗アレルギー薬（抗ヒスタミン薬）などが処方されます。これらの薬は副作用で眠気が出やすいため、子どもに飲ませたことを園に伝えてもらうと安心です。

検査で食物アレルギーが見つかったときは、原因となる食物を避ける治療が行われます。

Q 注意が必要なときは？

A 首や顔に出たらすぐに病院へ

首や顔にじんましんが出たり、まぶたや唇がはれたりしたときは、じんましんがのどの内側や気管まで広がって、呼吸困難を起こす可能性があります。呼吸がゼイゼイ、ヒューヒューしているときはすぐに病院へ。

アレルギーに対応するときのポイント

どう対応すればいい？
必ず医師の指示を受けて

　子どものアレルギーは、いくつか重なって起こることがありますし、症状やその程度には個人差があります。子どもが園で安全に、健やかに過ごせるよう、園では必ず医師の指示を受けて対応することが重要です。

　保護者からアレルギーについて申し出があったときは、生活管理指導票（厚生労働省のホームページからダウンロード可）などの書類を子どものかかりつけ医に記入してもらい、それをもとに園での対応を決めましょう。

除去食も医師の診断のもとで

「食物アレルギーが心配だから」と、保護者が自己判断で除去食を申し出ることがありますが、医師の診断なしに対応してはいけません。原因となる食品と名前や見た目が似ていても、食物アレルギーを起こさないものはたくさんあります。食事を制限しすぎると、食事のバランスの乱れを招くおそれがあるため、注意が必要です。

スムーズに対応するには？
子どもにかかわる皆で情報共有を

　医師の指示があり、保育で配慮が必要なことは、子どもにかかわるスタッフ全員で共有します。担当の保育者だけでなく、その子どものそばにだれがいても同じように対応できることが大切です。年度がわりで担任が交代するときには、しっかり引き継ぎをして、子どもへの対応や保護者へのサポートが切れ目なく続くようにしましょう。

園での対応

書面を活用して確認

保護者と話し合って決めた内容は、書面にして、家庭と園で確認できるようにしておきましょう。また、保護者からの連絡は、連絡帳などに書いてもらうと安心です。

第3章

園で流行しやすい感染症

集団生活の中では、感染症が流行することはある程度はやむをえないことです。しかし、感染症の予防方法をよく知り、感染症の発生が最小限になるように注意することが大切です。また、法律で決められた登園停止の期間を保護者に伝えたり、予防接種を促したりすることも子育て支援になります。

かいー

感染経路と感染対策

感染経路とは、感染症の原因となるウイルスや細菌などの病原体が体の中に入るまでの道筋のこと。主な感染経路と、その対策を知っておきましょう。

接触感染

その名のとおり、病原体に接触した手で目や鼻、口に触れることで感染します。よだれなどの感染源にじかに触るだけでなく、ドアノブなどに触れたときに、そこについていた病原体が手に移り、その手で目や鼻、口に触れて感染する場合も含みます。皮膚についた傷から病原体が侵入することもあります。

園での対応

身の回りの病原体を減らす

いちばん重要なのは、流水とよく泡立てたせっけんでしっかり手を洗うことです。また、複数の人が触れるドアノブやスイッチ、手すりなどは清潔に保ちましょう。

（p.164「日常の衛生管理」も参照）

飛沫感染（ひまつ）

飛沫とはしぶきのこと。感染した人のせきやくしゃみ、会話などによって空気中に放出されたしぶきを吸いこむことで感染します。

飛沫が飛び散る範囲は1～2mなので、飛沫感染を防ぐには、せきなどをしている人から2m以上離れるか、せきが出る人がマスクを着けます。

園での対応

「せきエチケット」と換気を

せきが出る人はマスクを着けましょう。マスクを着けていないときは、せきが出たときにハンカチやティッシュ、あるいは腕で口と鼻を覆う「せきエチケット」を守りましょう。ただし、2歳未満の子どものマスク使用は窒息などの危険があるので、やめましょう。室内の空気を入れかえて、空気中の飛沫を追い出すことも大切です。

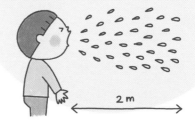

2m

経口感染

　病原体を含む食べ物や飲み物を口にすることで感染します。いわゆる食中毒で、十分に加熱されていない肉・魚や、サラダなどの生の食材を食べて、集団感染が起こるケースがあります。

保育者は注目！

保育者も体調管理を

ノロウイルス感染症は、本人が感染に気づかないまま周囲にうつしている場合があります。0〜1歳児の保育では、保育者が食事をサポートする機会が多いため、保育者もしっかり体調管理をしましょう。

血液媒介感染

　血液に潜んでいる病原体が、皮膚についた傷や、目や鼻、口の粘膜から侵入します。血液でうつる病気はそれほど多くありませんが、ひとたび感染すると取り返しがつきません。鼻血の処理やけがの手当てをするときは、素手で血液に触れないようにしましょう。

蚊媒介感染

　病原体をもった蚊に刺されたときに、蚊から病原体に感染します。日本脳炎やデング熱などの病気があります。

空気感染

　感染している人のせきやくしゃみのしぶきが乾燥して空気中を漂い、それを吸いこむことで感染します。空気感染する病気には、結核、麻疹（はしか）や水痘（水ぼうそう）があり、特に麻疹と水痘の場合は、短時間でも同じ室内にいた人は、感染の可能性が高くなります。

保育者は注目！

麻疹や水痘の感染には要注意

園内で、麻疹や水痘の感染者が一人でも出たときは、すぐに予防接種歴を調べ、予防接種を受けていない子どもの保護者に連絡しましょう。

消毒薬の使い方

園で消毒に使う消毒薬は、主に「塩素系消毒薬」と「アルコール類」です。それぞれ、安全に、効果的に使えるよう、特徴を知っておきましょう。

アルコール類
（消毒用エタノール）

手軽で使いやすい反面、使い方を守らないと効果が十分に発揮されません。

☺ メリット

手指に使える

手や指に直接つけて消毒できます。ただし、刺激性があり手荒れを起こしやすいので、手指を保湿して皮膚を守りましょう。

薄めずに使える

すでに適切な濃度で市販されているため、希釈する手間がかかりません。園で使用する場合は、**濃度が 70 〜 80％のもの**を選びましょう。

☹ デメリット

万能ではない

多くの病原体に効果を発揮しますが、**ノロウイルス・ロタウイルスにはあまり効果がありません**。おう吐物やうんちの処理・消毒には、塩素系消毒薬を使います。

☺ 注意ポイント

吹きつけたら、ふき取る

アルコールは揮発するときに効果を発揮します。消毒するときは、スプレーした後、乾いた布などでまんべんなくふき取りましょう。

ぬれたところに使わない

ぬれたところに使うと、濃度が薄まるだけでなく、揮発しにくくなって消毒効果が下がります。手洗い後にアルコール消毒をするときは、手の水分をふき取ってから使いましょう。

塩素系消毒薬
（次亜塩素酸ナトリウム）

感染症対策のエースともいえる万能消毒薬です。希釈方法や注意点を守って、安全に使いましょう。

 メリット

すべての病原体に効果あり

ウイルス、細菌を含むすべての微生物に効果があります。そのため、どんな感染症でも、流行期の消毒に使うことができます。

 デメリット

刺激が強い

手指など皮膚の消毒には使えません。また、塩素ガスが発生するため、使用するときはマスク・使い捨て手袋を着用します。

脱色する

漂白作用があるため、衣類につくと色落ちします。

 注意ポイント

濃度や使い方を守る

濃度が高すぎると塩素ガスも増えます。正しい濃度に希釈して使いましょう。

おう吐物の処理

0.1%（1000ppm）：水1Lに原液20mL

トイレなどの普段の清掃

0.02%（200ppm）：水1Lに原液4mL

噴霧しない

吸いこむ危険があるので、霧吹きなどに入れて使うのは厳禁です。また、消毒するときは換気して、塩素ガスが室内にたまらないようにしましょう。

 バケツに水や消毒液の使用量がわかる印をつけておくと便利。

上記は製品濃度6％の場合。使用する製品の濃度や用量・用法は必ず確認しましょう。

学校感染症と予防接種

感染症の中でも、園や学校などの集団生活の場でうつりやすいものは、学校保健安全法で「学校において予防すべき感染症」として指定されています。幼稚園や保育所は、これに準拠して登園が定められていますが、細かい判断は各園に任されている部分もあります。病気の特徴を知って、各園でしっかり約束事を決めておきましょう。

第一種	●エボラ出血熱 ●クリミア・コンゴ出血熱 ●痘そう ●南米出血熱 ●ペスト ●マールブルグ病 ●ラッサ熱 ●急性灰白髄炎 ●ジフテリア ●重症急性呼吸器症候群（病原体がベータコロナウイルス属 SARS コロナウイルスであるものに限る） ●中東呼吸器症候群（病原体がベータコロナウイルス属 MERS コロナウイルスであるものに限る） ●特定鳥インフルエンザ（鳥インフルエンザのうち、病原体がインフルエンザウイルス A 属インフルエンザ A ウイルスであってその血清亜型が H5N1 および H7N9 であるもの） ●新型インフルエンザ等感染症* ●指定感染症* ●新感染症* ＊感染症の予防及び感染症の患者に対する医療に関する法律第六条第七項から第九項までに規定するもの
第二種	●インフルエンザ（特定鳥インフルエンザを除く） ●百日ぜき ●麻疹 ●流行性耳下腺炎 ●風疹 ●水痘 ●咽頭結膜熱 ●新型コロナウイルス感染症（病原体がベータコロナウイルス属のコロナウイルス（令和二年一月に、中華人民共和国から世界保健機関に対して、人に伝染する能力を有することが新たに報告されたものに限る）であるものに限る） ●結核 ●髄膜炎菌性髄膜炎
第三種	●コレラ ●細菌性赤痢 ●腸管出血性大腸菌感染症 ●腸チフス ●パラチフス ●流行性角結膜炎 ●急性出血性結膜炎 ●その他の感染症

（2023 年 5 月 8 日施行　学校保健安全法をもとに作成）

これらの病気に感染したときは、登園する際に医師の「意見書（登園許可証）」または「登園届」を提出してもらうこと

保育の場は、子どもたちが集団で長時間過ごす場です。上記の病気は感染力が強く、一人が感染するとたちまち園内に広がります。特に乳児がいる園では要注意。幼児では軽くすんだ病気でも、命にかかわるようなものもあります。症状がおさまった後も、医師の判断をあおいだうえで、登園してもらいましょう。

「意見書」	医師が記入する。症状が回復し、集団生活に支障がないことを証明してもらうもの。
「登園届」	医師に集団生活に支障がないことを証明してもらい、保護者が記入するもの。

予防接種の効果

予防接種は、ワクチンを接種することで、その感染症から体を守る（免疫をつける）ものです。
小さな子どもがかかると、重症になったり後遺症を残したりする感染症はたくさんあります。
そのような病気を防ぐためにも、予防接種の効果を知っておきましょう。

1 かかったときの リスクを防ぐ

予防接種には、その感染症にかかるのを防いだり、かかっても重症化するのを防いだりする効果があります。

また、感染症にはB型肝炎のように、治りにくいまま続き、重い病気を招くものもあります。B型肝炎やHPV（ヒトパピローマウイルス：子宮頸がんの原因ウイルス）の予防接種は、将来、感染症が原因となるがんなどの重大な病気を防ぐために行います。

2 副反応はまれで、 ほとんどは軽い

副反応で最もこわいのはアナフィラキシー（p.32）です。ただ、これは非常にまれですし、万が一起こった場合でも接種後30分以内に症状が出てくるため、接種後の様子を見ていればすぐに対応できます。1〜2日以内に起こる副反応として、接種部位の痛みやはれ、発熱などがありますが、安静にしていれば数日でおさまります。

3 皆の力で 流行を防ぐ

大勢の人が予防接種を受けていると、その病気が流行しにくくなる効果があります。これを「集団免疫」といい、妊娠中の女性など予防接種を受けることができない人や、免疫がつきにくい人を守ることができます。

日本の定期／任意予防接種スケジュール（国立感染所のデータをもとにして作成）

肺炎球菌（13価結合型）
2020年5月29日から、6歳以上65歳未満への接種が可能になりました。

DPT、IPVとは
D＝ジフテリア、P＝百日ぜき、T＝破傷風、IPV＝不活化ポリオを表します。

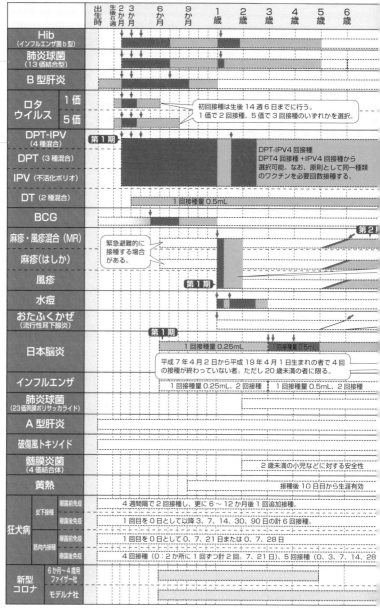

予防接種法に基づく定期の予防接種は、本図に示したように、政令で接種対象年齢が定められています。この年齢以外で接種する場
さい。なお、↓は一例を示したものです。接種スケジュールの立て方についてはお子様の体調・生活環境、基礎疾患の有無等を考慮

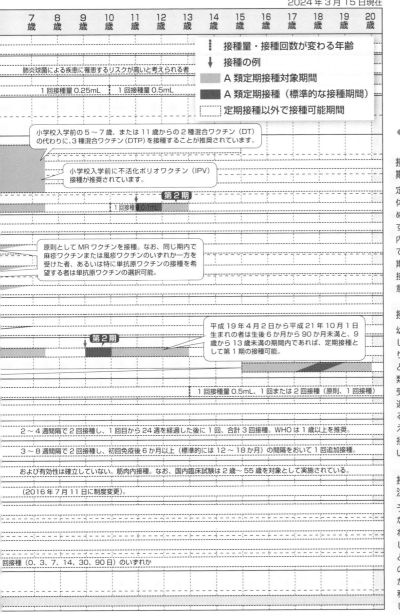

| 7歳 | 8歳 | 9歳 | 10歳 | 11歳 | 12歳 | 13歳 | 14歳 | 15歳 | 16歳 | 17歳 | 18歳 | 19歳 | 20歳 |

凡例:
- ┊ 接種量・接種回数が変わる年齢
- ↓ 接種の例
- A 類定期接種対象期間
- A 類定期接種（標準的な接種期間）
- 定期接種以外で接種可能期間

肺炎球菌による疾患に罹患するリスクが高いと考えられる者

1回接種量 0.25mL　　1回接種量 0.5mL

小学校入学前の 5〜7 歳、または 11 歳からの 2 種混合ワクチン（DT）の代わりに、3 種混合ワクチン（DTP）を接種することが奨励されています。

小学校入学前に不活化ポリオワクチン（IPV）接種が推奨されています。

第 2 期
1回接種0.1mL

原則として MR ワクチンを接種。なお、同じ期内で麻疹ワクチンまたは風疹ワクチンのいずれか一方を受けた者、あるいは特に単抗原ワクチンの接種を希望する者は単抗原ワクチンの選択可能。

第 2 期

平成 19 年 4 月 2 日から平成 21 年 10 月 1 日生まれの者は生後 6 か月から 90 か月未満と、9歳から 13 歳未満の期間内であれば、定期接種として第 1 期の接種可能。

1 回接種量 0.5mL、1 回または 2 回接種（原則、1 回接種）

2〜4 週間隔で 2 回接種し、1 回目から 24 週を経過した後に 1 回、合計 3 回接種。WHO は 1 歳以上を推奨。

3〜8 週間隔で 2 回接種し、初回免疫後 6 か月以上（標準的には 12〜18 か月）の間隔をおいて 1 回追加接種。

および有効性は確立していない。筋肉内接種。なお、国内臨床試験は 2 歳〜55 歳を対象として実施されている。

（2016 年 7 月 11 日に制度変更。）

回接種（0、3、7、14、30、90 日）のいずれか

保育者 Point

接種は決められた期間内に

定期接種は国や自治体が強く接種をすすめている予防接種です。決められた期間内なら公費（無料）で受けられますが、期間を過ぎると自費接種になるので、注意が必要です。

接種は早めに

幼い子ほど体調を崩しやすく、予定どおりに受けられないことも。ワクチンは種類が多く、それぞれ受ける回数や間隔が違います。接種できる年齢を早めに伝え、誕生日がきたら接種をすすめるとよいでしょう。

接種後の発熱に注意

予防接種後に、発熱などの副反応が現れることも。しかし、風邪による発熱というケースも多いので、接種後に発熱が見られたら、小児科の受診をすすめましょう。

合は、任意接種として受けることになります。ただしワクチン毎に定められた接種年齢がありますのでご注意下して、かかりつけ医あるいは自治体の担当者とよく御相談下さい。

国立感染症研究所 HP より

ふつうの風邪より症状が重く、感染力が強い

インフルエンザ

いんふるえんざ

かかりやすい年齢
0 1 2 3 4 5 6

潜伏期間

1～3日

主な症状

- 突然の38度以上の高熱
- 高熱が3～4日ほど続く
- 激しいせき、のどの痛み、頭痛、鼻水、関節の痛み、筋肉痛など
- 下痢やおう吐を伴うこともある

登園について

発症後5日を経過し、かつ、解熱後3日経過するまで登園停止。登園には医師が記入した意見書が必要な場合も。

 ここが押さえどころ！

 予防

流行前の秋から予防接種を

インフルエンザにはワクチンがあります。予防接種をしても完全に防ぐことは難しいものですが、インフルエンザにかかりにくくなるだけでなく、万が一かかっても軽い症状ですませることができます。毎年12月上旬ころから流行するので、それまでに接種を終えるようにすすめましょう。

❤ ケア

薬の投与後は観察をしっかりと

インフルエンザには、タミフル、リレンザなどの抗ウイルス剤の特効薬があります。ただし、タミフルやリレンザを投与した後に異常行動が現れることがあるので、家庭で療養するときは注意深く観察することが必要です。

 保護者へ伝達

早めの受診で合併症と感染を防ぐ

インフルエンザは、気管支炎（p.94）や肺炎（p.96）、急性中耳炎（p.98）、インフルエンザ脳症（p.133）などを引き起こすこともあります。高熱が見られたら、インフルエンザかどうかわからなくても、病院を受診しましょう。早めに受診し治療することが、本人はもちろん、周りの子どもを守ることにつながります。

※登園停止については、文部科学省『学校保健安全法施行規則』（平成28年3月）をもとにしています。

予防が最大の治療法

1 生後6か月からワクチン接種を

インフルエンザワクチンは、生後6か月から接種が可能。2～4週間空けて2回接種します。ワクチンには鶏卵（けいらん）が使われているので、卵アレルギーのある子どもには、必ず医師と相談して使用しましょう。

2 湿度50～60%、室温20度前後に

インフルエンザウイルスは、冷たく乾燥した空気を好みます。部屋の湿度は50～60%、室温は20度くらいを目安に設定しましょう。また1時間ごとに窓を開け、ウイルスが浮遊している空気を入れかえます。

3 大人もいっしょに予防接種を

保育者や保護者が感染源にならないように、予防接種を受けておきましょう。効果は約6か月ですので、毎年接種することが大切です。

4 手洗いとうがいは基本

手は液体せっけんで洗い、ペーパータオルでふきます。うがいができない子は、水を飲み、のどの乾燥を防ぐだけでも効果があります。

「インフルエンザ脳症」に注意を   COLUMN

合併症で特に注意したいのがインフルエンザ脳症。インフルエンザにかかってから1～2日ほどで発症します。後遺症が残る場合があるほか、重症化すると死に至ることも。高熱が出てけいれんし、ぼーっとしているなどの意識障害が見られたら、すぐに救急車を呼びましょう。

> インフルエンザ脳症の疑い
>
> □ インフルエンザにかかって1～2日ほどで突然高熱が出て、数時間でけいれんを起こす
> □ 呼びかけても反応がない
> □ 目がうつろでぼーっとしている、ぐったりしてうとうとしている
> □ おう吐する
> □ 何度もけいれんを起こす

市販の解熱剤は、慎重に   COLUMN

インフルエンザ脳症を引き起こす原因は、まだはっきりとわかっていませんが、強力な成分が入った解熱剤を服用することでリスクが上昇するともいわれています。子どもにはアセトアミノフェンの投与が安全ですが、市販の解熱剤や大人用の解熱剤、以前処方された薬などには別の成分が含まれていることがあるので、インフルエンザの疑いがあるときに、むやみに解熱剤を使うのは危険です。子どもの発熱が心配なときは小児科を受診し、必ず医師に処方されたものを使うようにすすめましょう。

高熱と全身の発しんが出て、体力を激しく消耗する

麻疹（はしか）
ましん

かかりやすい年齢
0 **1** **2** **3** **4** **5** **6**

潜伏期間
10〜12日

主な症状
- 38度近い発熱と、せき、鼻水など風邪に似た症状
- ほおの内側に出る白い斑点（コプリック斑）
- 全身に出る赤く細かい発しん

登園について
熱が下がってから3日経過するまでは登園停止。登園には医師が記入した意見書が必要。

 ここが押さえどころ！

予防
1歳を過ぎたら予防接種を
1歳を過ぎると麻疹・風疹混合（MR）ワクチンを公費で接種できます。その有効性（効果）は95％といわれます。麻疹は非常に感染力が強いので、クラス全員の接種状況を確認し、未接種の子どもがいたら、保護者に接種をすすめましょう。

ケア
消化のよいもので栄養補給を
麻疹そのものを治療する薬はありません。病院では、熱や鼻水などの症状を抑える薬が処方されます。体力が奪われて食欲がなくなるので、家庭では、やわらかく煮たうどんやおかゆ、プリンなど、栄養があって消化のよいものを与えます。水分もこまめに補給しましょう。

 うどん
 おかゆ
 プリン

保護者へ伝達
流行してからの接種も有効
麻疹は感染力が強く、未接種の子どもは高い確率で感染します。しかし、流行してから2日以内に予防接種を受ければ、万が一感染しても軽くすませることができます。

※登園停止については、文部科学省『学校保健安全法施行規則』（平成28年3月）をもとにしています。

麻疹の「経過」を知っておこう

1 初期・カタル期

感染から 10 〜 12 日たって、38 度前後の熱やせきなどの症状が出ます。ほおの内側のコプリック斑（すいほう）という白い水疱で麻疹と気づくこともありますが、見分けが難しく風邪と間違えることもあります。熱は 2 日ほどでいったん下がります。

2 発しん期

再び 40 度近い高熱が出て、同時に赤く細かい発しんが、顔や胸、手、足と全身に広がります。高熱が出て苦しい時期です。急性中耳炎（じえん）（p.98）や肺炎（p.96）、脳炎・脳症（p.102）などを合併することもあるので注意が必要です。

3 回復期

合併症を発症しなければ、最初の発熱後 4 〜 5 日で熱が下がります。赤い細かい発しんはくっついて網目状（あみめじょう）になり、消えていきます。しみのように色素沈着（しきそちんちゃく）することもあります。麻疹は、一度発症すると再発しません。

初期・カタル期

風邪の症状と、コプリック斑が見られる。

発しん期

2 度目の高熱が出て、全身に発しんが広がる。

回復期

OK!

医師の診断を受けて登園できる。

病後の保育はゆっくりと COLUMN

麻疹は、発症してから登園できるまで、5 日〜 1 週間と時間がかかります。病気が治った後は体力が落ちているので、ほかの病気にもかかりやくなっています。登園してから 3 日〜 1 週間ほどは、その日の体調を見ながら、外あそびなどを調整していきましょう。

大人の麻疹感染に注意 COLUMN

予防接種の普及により、感染者は年々減っていますが、地域によって突然流行したり、20 〜 30 代の大人に感染が広がることがあります。大人は入院するなど重症化しやすいので、保護者や保育者の中で予防接種を受けておらず未罹患（みりかん）の人がいたら、早めに接種をすすめましょう。

※麻疹ワクチンを接種しても、10 年以上たつとその効果が薄れるので、大人の感染が増えることがあります。

麻疹に似ているが、軽い症状ですむ

風疹
ふうしん

かかりやすい年齢
0 1 **2 3 4 5 6**

あずき大の
しこり

潜伏期間
14〜21日

主な症状
- 38度前後の熱、耳の後ろのリンパ節のはれ、目の充血
- 発熱と同時に、胸や顔などから赤くかゆみを伴う発しんが全身に広がる
- 3〜5日で発しんが消える

登園について
発しんが消えるまでは登園禁止。登園には医師が記入した意見書が必要。

ここが押さえどころ！

 予防

1歳を過ぎたら予防接種を
麻疹と同じように、1歳を過ぎると麻疹・風疹混合（MR）ワクチンを公費で接種できます。1歳を過ぎた子どもには、ワクチンを接種するよう保護者にすすめましょう。

 ケア

基本的には風邪と同じケアを
治療薬はなく、基本的には風邪と同じように安静にして治します。熱が高いときは解熱剤が、目の充血には、症状を抑える点眼薬が処方されます。

 保護者へ伝達

比較的元気があっても安静に
麻疹ほど熱が出ないので、発しんが出ても子どもは比較的元気にしています。無理に寝かせる必要はありませんが、発しんがある間はほかの人に感染させる可能性があるので、自宅で安静に過ごします。

memo ▶
風疹の発しんは色が薄く、熱もそれほど高くないので気づきにくいものです。耳の後ろや首のリンパ節を触ってはれているようなら、風疹を疑い、ほかの子とすぐに離しましょう。

発しんが消えるまでは、感染に注意を

1 潜伏期

体内にウイルスが入って発しんが出るまで、2〜3週間もの潜伏期間があります。発しんが出る7日前くらいから感染力が強くなるので、クラスで一人感染したら、ほかにもかかっている子がいる可能性があります。

2 発しんが出る

顔や胸などから発しんが出始めます。発しんは麻疹よりも小さく、赤みも薄いことが多いです。しかし、形や大きさはその子によってさまざまなので、発しんの形状だけで風疹を見分けることは困難です。また、38度前後の熱が出ることもありますが、ほとんどの場合、あまり高熱は出ません。

3 回復

発しんは全身に広がってから、3〜5日ほどで消えていき、熱も下がります。子どもに元気があっても全身の発しんがきれいに消えるまで、登園はできません。保護者にお願いしておきましょう。

潜伏期
感染しても2〜3週間は症状が見られない。

発しんが出る
微熱と赤い発しんが全身に広がる。

回復
麻疹と同様に、登園は医師の診断を受けてから。

妊娠中の感染に注意！

風疹は、妊娠中の保護者や保育者にとって注意が必要な病気です。妊娠初期に感染すると、おなかの子に白内障や心疾患、難聴などの障害が起きることがあります（先天性風疹症候群）。妊娠中や、妊娠の可能性がある人が未接種なら、人ごみを避け、妊娠中の人に風疹の子どもを近づけないようにするなどして配慮しましょう。

2〜3週間続く、コンコンという激しいせき

百日ぜき

ひゃくにちぜき

定期接種
有

かかりやすい年齢
0 1 2 3 4 5 6

潜伏期間
7〜10日

主な症状
- くしゃみやせき、鼻水など
- 1〜2週間たつとコンコンと激しくせきこむ（1回のせきは、2〜3分続く）
- 息を吸うときの**ヒューヒュー**という特有の音

登園について
特有のせきがなくなる、または、5日間の抗菌薬による治療が終了するまで登園停止。登園には医師が記入した意見書が必要。

ここが押さえどころ！

 予防

3か月を過ぎたら予防接種を
百日ぜきは、母親からの免疫が少ないので、乳児にも感染します。乳児は呼吸を止めてしまうなど重症になりやすいため、生後3か月になったら四種混合ワクチンを接種しましょう。

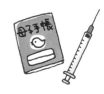

 ケア

抗菌薬（抗生物質）で菌を撃退
百日ぜきは、処方された抗菌薬を決められた期間服用して治します。初期のうちに服用すれば、2週間ほどで特有のせきは落ち着きます。医師の許可が出て登園してからも、せきが出るうちはマスクをしてもらいましょう。

 保護者へ伝達

上の子から乳児への感染に注意
学童期にワクチンの効果が減少し、百日ぜきにかかりやすいことがわかってきました。乳児に感染させないように、上の子に三種混合ワクチンを接種することがすすめられています。

かゆみの強い発しんが広がる

水痘（水ぼうそう）

すいとう（みずぼうそう）

定期接種 有

かかりやすい年齢
0 1 2 **3 4 5 6**

かいー

潜伏期間

11～21日

主な症状

- 37～38度の微熱（熱が出ないことも多い）
- かゆみの強い赤い発しんが、胴体から全身に、頭部まで広がる
- 赤い発しんが水疱（すいほう）になる
- 水疱がにごり、赤黒いかさぶたになって治っていく

登園について

すべての発しんがかさぶたになるまで登園停止。登園には医師が記入した意見書が必要。

ここが押さえどころ！

 予防

感染から3日以内は、予防接種が有効

1歳から予防接種を受けられます。ウイルスが体内に入っても3日以内に接種すれば、ある程度効果があるので、園で感染者が出たら、未接種の子どもの接種をすすめるとよいでしょう。

かきむしらないよう、つめを短く

水痘の発しんはかゆいのが特徴。子どもが汚れのついた手でかきむしると化のうすることもあるので、つめは短く切っておくように、保護者にお願いしましょう。

❤ **ケア**

抗ウイルス薬で症状を抑えられる

飲み薬の抗ウイルス薬で症状を抑えることができますが、早く飲み始めるほうが効果があります。症状によってはかゆみ止めも処方されます。

📞 **保護者へ伝達**

赤い点状の発しん→水疱→かさぶたへ

赤い点状の発しんができたら、水痘の疑いがあります。赤い発しんは水疱へとかわり全身に広がりますが、顔や頭にも水疱ができるのが特徴です。その後、1週間ほどでかさぶたになります。予防接種を2回受けていてもかかることがあります。

139

「高熱」「のどの痛み」「目の充血」がサイン

咽頭結膜熱（プール熱）

いんとうけつまくねつ（ぷーるねつ）

潜伏期間

5〜7日

主な症状

- 38度以上の高熱
- のどのはれと痛み
- 目の充血やまぶたの裏の赤み
- 目やにや涙
- 熱は3〜5日続き、1週間ほどで症状がおさまる

登園について

発熱や充血などの症状がおさまってから2日たつまでは登園停止。登園には医師が記入した意見書が必要。

※登園停止については、文部科学省『学校保健安全法施行規則』（平成28年3月）をもとにしています。

 ここが押さえどころ！

予防

ドアノブやおもちゃを清潔に

のどの痛みと目の充血が特徴。目やにや便、くしゃみやせきにウイルスが含まれていて、それらに触れるとうつります。感染力が強いので、トイレのドアノブやおもちゃなどは、こまめに水ぶきを。

ケア

刺激が少なく、食べやすい食事を

治療薬はなく対症療法が中心です。のどが痛んで食欲が落ちるので、食事は、豆腐や冷ましたスープなど、のどごしのよいものにします。高熱が出るので脱水に気をつけて、こまめに水分補給を。

保護者へ伝達

高熱と目の充血があれば、すぐ小児科へ

熱が高く、目が充血していたら、すぐ病院へ。家庭ではきょうだい間の感染を防ぐためにタオルや食器の共有を避け、洗濯も別にしてもらいましょう。

memo

症状が消えた後も2週間ほどは便にウイルスが含まれています。おむつをかえるときは、せっけんで手をよく洗いましょう。

※以前はプールの水で感染することがありましたが、現在は水質管理がなされているのでほとんどありません。

流行性角結膜炎（はやり目）

りゅうこうせいかくけつまくえん（はやりめ）

かかりやすい年齢

0 **1 2 3 4 5** 6

ここが押さえどころ！

　予防

一人感染したら、クラス全員をチェック

非常に感染力が強いので「はやり目」といわれます。クラスで一人がかかったら、ほかの子にも感染している可能性があります。目やにや目のはれ、充血がないか、注意してクラス全員の様子を観察しましょう。

♥　**ケア**

かゆみを緩和させ、感染に注意

かゆみや目やにが気になり、子どもが目をこすってしまうと、悪化することがあります。特別な治療薬はないので、かゆみが強いときはかゆみ止めの目薬を処方してもらいます。目やにや鼻水、便からうつるので、それらをふいたティッシュペーパーはゴミ箱に入れたままにしてはいけません。また大人も感染するので、疑いのある子のケアをした場合は、せっけんで十分に洗いましょう。

　保護者へ伝達

目の充血、目やにがあれば受診を

目が充血している、朝起きたら目やにがべったりついているようなときは、眼科を受診するよう伝えます。また、子どもが汚れた手でこするとたちまち悪化するので、手をよく洗うようにお願いしましょう。

潜伏期間

5〜12日

主な症状

● 目の充血
● 目やに
● まぶたのはれ
● ひどくなると、発熱や下痢（げり）を起こすことも

登園について

目の充血や目やにamong、結膜炎の症状がなくなるまで登園停止。登園には医師が記入した意見書が必要。

※咽頭結膜熱（p.142）は発熱を伴いますが、流行性角結膜炎は、発熱よりも目の症状のほうが重篤（じゅうとく）です。

秋から冬に多い、1歳以下のせきの風邪に注意

RSウイルス感染症

あーるえすういるすかんせんしょう

かかりやすい年齢
0 1 2 3 4 5 6

ゼイゼイ

潜伏期間

2〜8日

主な症状

- 鼻水やせき
- 38〜39度の高熱
- 「ゼイゼイ」「ヒューヒュー」という呼吸音
- 悪化すると呼吸困難を起こす

登園について

呼吸器の症状がなくなり、全身状態がよければ登園可能。登園の際は、医師の診断を受けて保護者が記入する登園届が必要。

ここが押さえどころ！

 予防

せきの出る保育者は注意

予防接種はなく、感染症にかかりにくい6か月未満の子どもでもかかります。しかも、初めて感染する乳幼児は症状が重くなりやすいため、風邪の症状がある保育者は、0歳児との接触を控えるように配慮しましょう。

 ケア

加湿と水分補給を十分に

空気が乾燥していると呼吸器に負担がかかり、せきがひどくなります。室内を加湿し、こまめに水分補給させましょう。

📞 **保護者へ伝達**

夜間の呼吸に注意して

夜間に急に悪化するおそれがあるため、睡眠中の呼吸に注意して、息苦しそうな様子が見られたら、朝を待たずに受診します。せきが止まらないときのケア（p.11参照）についても伝えましょう。せきこんでミルクを飲めないときは、少しずつ、回数を分けて飲ませるよう伝えましょう。

どうしてこわい？ 0〜1歳のRSウイルス感染症

1 予防接種や特効薬がない

RSウイルス感染症は予防接種がないため、予防することができません。また、ウイルスに直接効く薬もないため、たんを出しやすくする薬や気管支を広げる薬（気管支拡張薬）など、症状を和らげる薬を使うことで回復を待ちます。

2 呼吸困難や脱水を起こしやすい

せきがひどくミルクを飲めないため、脱水を起こすことがあります。また、0〜1歳の子どもは気管支が細く、炎症を起こすと内部がむくんで空気の通り道が狭くなり、呼吸困難を起こしやすくなります。

3 大人が知らないうちにうつしやすい

RSウイルス感染症は、初めてかかる小さな子どもほど重症になりやすく、繰り返しかかるうちに症状が軽くなります。年長児や大人がかかっても軽い風邪ですむため、知らないうちに乳幼児にうつし、乳幼児が重症化する可能性があります。

保育者は注目！

秋から冬の異年齢交流には注意して

周囲の人が気づかないうちに感染源になりやすいのがRSウイルス感染症のこわいところ。園でRSウイルス感染症が流行しているときは、0歳児クラスと1歳以上の子どものクラスの交流を控えるとよいでしょう。

犬の遠ぼえのようなせきが出る

クループ症候群

くるーぷしょうこうぐん

潜伏期間

1〜7日

主な症状

●ケンケン、ゴーンゴーンという
犬がほえる（オットセイが鳴く）
ような苦しそうなせき
●声のかすれ
●呼吸困難

登園について

せきの症状が消失し、全身状態がよ
くなれば登園可能。医師の診断を受
けて。

ここが押さえどころ！

予防

呼吸が苦しそうなときはすぐに病院へ

予防接種はありません。のどの奥（喉頭）が炎症
を起こすため、ひどくなると気道がふさがり、窒
息する危険があります。「呼吸が苦しそう」と感じ
たら、すぐに受診をすすめることが、重症化を防
ぐポイントです。

ケア

部屋の湿度を保ち、水分をとらせる

特別な治療薬はありません。とにかく早めの受診
と、風邪と同じケアが基本です。せきがひどくな
らないよう、加湿器を使ったりぬれタオルを干し
たりして、部屋の湿度を保ちましょう。

保護者へ伝達

夜間に悪化することがあるので注意を

昼間は少し声がかすれる程
度のせきでも、夜になると
ひどくせきこむことがあり
ます。夜、子どもが起き上
がって肩で息をしていたり、
唇や顔色が青くなったりす
るようであれば、夜間でも
すぐに病院を受診するよう
伝えましょう。

手、足、口に発しんが出る

手足口病
てあしくちびょう

潜伏期間
3〜5日

主な症状
- 手のひら、足の裏、口の中、臀部（おしり）などにできる、赤い発しんや米粒大の水疱
- 発熱、下痢、おう吐を伴うこともある

登園について
熱が下がってから1日以上経過し、普段の食事がとれるようになるまでは登園停止。登園には登園届が必要。

ここが押さえどころ！

予防

夏の流行情報をチェック
6〜8月の夏の時期に流行することの多い病気です。大流行する年もあるので、市区町村などのホームページで、地域の流行状況を把握しましょう。感染力が強く、何度もかかる可能性があります。

うがい、手洗いの徹底が基本
予防接種はありません。くしゃみやせき、便などから感染するので、風邪と同じく、うがいと手洗いの励行が有効です。治ってからも2〜4週間は便にウイルスが排泄されるので、おむつをかえた後、保育者はしっかり手を洗いましょう。

ケア

口の中の水疱がしみて痛むので注意
口の中の水疱がつぶれると痛むので、のどごしのよい食事にします。水分がとりづらくなるので、白湯などでこまめな水分補給を。

保護者へ伝達

発熱が2日以上続くときは再受診を
手足口病は、比較的症状が軽くてすむ病気です。しかし、発熱が2日以上続く、頭痛やおう吐があるというときは、髄膜炎（p.103）や脳炎（p.102）などの合併の可能性も。再度受診をすすめましょう。

伝染性紅斑（りんご病）

でんせんせいこうはん（りんごびょう）

かかりやすい年齢

0 1 2 **3 4 5 6**

潜伏期間

10〜20日

主な症状

- 発熱から2〜3週間後、**ほおにできる赤い発しん**
- **腕や足、おしりに網目状の発しん**が出ることもある
- 発しんはかゆみを伴うことも

登園について

全身状態がよければ登園可能。登園には登園届が必要。

ここが押さえどころ！

 予防

手洗いとうがいで予防できる

予防接種はありません。せきやくしゃみなどから感染するので、風邪と同じように、手洗いやうがいなどで予防します。

ケア

日光や入浴に注意を

元気であれば特別なケアは必要ありません。日光に当たったり、入浴したりするとかゆみが増すことがあるで、発しんがあるうちは外あそびは控えて、入浴も短めに切り上げます。

 保護者へ伝達

園からの注意喚起を見逃さない

周囲の子どもにうつるのは潜伏期なので、ほおが赤くなったときには感染力はありません。一人が発症したら、ほかの子どももかかっている可能性があるので、おたよりなどで注意を促します。

memo

症状が軽く元気であれば、登園ができます。ただし、妊娠中の人がかかると胎児に異常が起こることがあるので、接触を避けます。伝染性紅斑の疑いがあるときは、病院で病名を確認することが大切です。

生まれて初めての急な発熱

突発性発疹

とっぱつせいほっしん

かかりやすい年齢

0 1 2 3 4 5 6

ここが押さえどころ！

 予防

だれもが一度は通る道と考えて

予防接種はありません。6か月～2歳くらいにかかります。この病気で、初めて発熱するという子も少なくありません。少しずつ体を丈夫にしていくために、ほとんどの子が経験する病気なので、予防より、落ち着いて対処することが大切です。

潜伏期間

約10日間

主な症状

- **38度以上の高熱**（生まれて初めての発熱であることが多い）
- 熱が下がった後に出る、**顔や胸、おなかの赤い発しん**

登園について

熱が下がってから1日以上経過し、全身状態がよくなるまで登園停止。登園には登園届が必要。

 ケア

熱が下がるまでは家庭で安静に

39度近い高熱があっても、子どもは比較的元気があることが特徴です。熱が下がって発しんが出ると、2～3日すごくきげんが悪くなります。特別な治療薬はありませんので、熱が下がるまでは水分補給に注意して、家庭で安静に過ごします。

 保護者へ伝達

発熱してもあわてず、受診を

初めて子どもが発熱すると、保護者は突発性発疹ではないかと心配します。しかし、病名がわかるのは、熱が下がって発しんが出てから。熱が出た時点であわてずに、まずは受診をすすめましょう。

皮膚トラブルと感染症、どちらでも起こりうる

ポツポツ（発しん）がある

かかりやすい年齢
0 1 2 3 4 5 6

発しんが出る主な病気

● 感染症
・麻疹（はしか）　・手足口病
・突発性発疹　　・風疹
・溶連菌感染症
・伝染性紅斑（りんご病）
・水痘（水ぼうそう）
・水いぼ　など

● 皮膚トラブル
・あせも
・とびひ
・じんましん
・脂ろう性湿疹　など

ここが押さえどころ！

 予防

一人出たら、ほかの子どももチェック

感染症を念頭に、周囲の子どもに同じような発しんが出ていないかチェックします。ポツポツ以外の症状があるときは、早めに別室保育に切りかえる、保護者に連絡するなどの対応を。

♥ ケア

かゆみを和らげる

かゆがるときは、ぬらしたタオルなどを当てて冷やし、かゆみを和らげます。

皮膚にやさしい衣類を着せる

発しんの部分を刺激しないよう、肌触りのよい綿で、ボタンや飾りが皮膚に当たりにくいデザインのものを着せましょう。

じゅくじゅくしているところは覆う

発しんが破れたり、かき壊したりしたところは、ばんそうこうなどで保護します。傷から細菌が入りこんだり、じゅくじゅくした部分から感染が広がったりするおそれがあります。

 保護者へ伝達

つめを短く切ってもらう

つめを短く切り、やすりを当てて丸くします。皮膚を引っかいて傷になるのを防ぎます。

148

発しんがあるときのケア

1 かゆがるときは安静に

体が温まったり、汗をかいたりするとかゆみが強くなります。涼しい場所で静かに過ごさせ、発しんの状態を見守ります。

2 熱があるときは別室で休ませる

発しんがあり、熱が出ているときは感染症の可能性があります。別室で見守り、体を冷やすなどのケアを。

3 口の中に発しんがあるときは食べやすいものを

口の中に水ぶくれや潰瘍（かいよう）があって、痛みで食べられないときは、おかゆやゼリー、プリンなど、やわらかくて水分の多いものを食べさせましょう。酸っぱいものや熱いものは避けます。

発しんがあるときの チェックポイント

- □ どんな発しんが、どこに出ているか
- □ 時間とともに広がっていないか
- □ かゆみや痛みがあるか
- □ 熱など、ほかの症状はないか

発しんだけでも油断禁物

熱や痛みがなく発しんだけの場合でも、発しんの程度がひどいときや、周囲にうつすおそれがあるときは、登園を控えてしっかり治す必要があります。

- ●口の周りや鼻の下など、覆えない部分にできている
- ●じゅくじゅくして浸出液（しんしゅつえき）が多い
- ●口内炎でいつもどおり食べられない
- ●かゆみが強く、かき続けてしまう

などがあるときは、受診をすすめ、登園について医師の判断を聞いてもらいましょう。

痛みもかゆみもない、光沢のあるいぼができる

伝染性軟属腫（水いぼ）

でんせんせいなんぞくしゅ

かかりやすい年齢
0 1 **2 3 4 5 6**

潜伏期間

2〜7週間

主な症状

- 突然出る、痛みもかゆみもない
  光沢のあるいぼ
- 脇の下、脇腹、おなか、ひじ、
  ひざなどに多い
- 1〜2年で自然に消える

登園について

登園の制限はない。かきこわしてじゅくじゅくしているときは感染する可能性があるので、ガーゼなどで覆う。

ここが押さえどころ！

 予防

プール用具やタオルの共有は避ける

いぼがつぶれて、中の液が肌につくことで感染します。プールでビート板や浮き輪、タオルを共有することは避けましょう。いぼがつぶれなければ、プールなどの水で感染することはありません。

❤ **ケア**

大きなものは処置が必要に

小さなものであれば様子を見ます。大きなものは皮膚科で専用のピンセットで取るか、液体窒素で治療します。内服では漢方のヨクイニン（ハトムギ）が効くことがあります。

📞 **保護者へ伝達**

ほとんどは自然に治る

いぼは痛みやかゆみがなく、そのままにしていても1〜2年で治ります。しかし、症状によってはプールを控えなくてはならないことがあるので、数の少ないうちに治療をすすめましょう。

memo ▶

アトピー性皮膚炎の子は悪化しやすいので、感染している子には受診をすすめ、主治医と相談して治療をしてもらいます。

かゆみの強い発しんが次々に広がる

伝染性膿痂疹（とびひ）

でんせんせいのうかしん

 ここが押さえどころ！

 予防

つめを短く切り、皮膚を清潔に保つ

とびひは、虫刺されやアトピー性皮膚炎などで傷ついた肌に、細菌が感染して発症します。子どもが土や砂などを触った手でかかないように、つめは短く切っておきましょう。虫刺されも早めにケアすることが大切です。

ケア

抗菌薬（抗生物質）で完全に治療をする

軽症であれば、抗菌薬の入った軟こうを塗って治します。水疱がやぶれているときは、抗菌薬の飲み薬で治します。

 保護者へ伝達

ほかの場所へ広がったら受診を

水疱や膿をもった、化のうした湿しんを見つけたら要注意。ほかの場所へ広がっているときは、ガーゼで覆い受診をしましょう。

潜伏期間

2～10日
（傷の状況などで異なる）

主な症状

● 虫刺されや切り傷、湿しんの後にできる、**膿をもったような、かゆみのある水疱**
● 水疱がやぶれて、全身に赤いただれが広がる

登園について

じゅくじゅくしているところをガーゼなどで完全に覆えば登園可能。

memo
とびひは完治が大事。症状が落ち着いたからと、治療をやめてしまうと再び悪化します。薬は医師の指示どおりに使うことが大切です。

根治まで根気よく対応を
アタマジラミ

かかりやすい年齢
0 1 **2 3 4 5** 6

潜伏期間
10～30日
（卵は約7日で孵化する）

主な症状
- 幼虫や成虫が頭皮から吸血するため、**頭がかゆくなる**
- **髪の根元のあたりに、白い卵がくっついている**。卵はフケに似ているが、髪にしっかりついていて、つまんでも取れない

登園について
制限はなし。

ここが押さえどころ！

 予防

一日1回、頭髪チェックを
かゆみが出るのは、アタマジラミが吸血を始めてから3～4週間後。かゆみで気づくころには、複数の子どもにアタマジラミが広がっている可能性があるので、一日1回、髪に卵がついていないか、頭髪チェックをしておくと安心です。

ケア

子ども同士の頭をくっつけない
頭を直接触れ合うほか、帽子や寝具を介してうつります。午睡時は頭を交互に寝かせる、寝具を離す、帽子や寝具をいっしょに保管しないなどの対策を。

正しい情報を伝える
アタマジラミは、決して不潔だから起こるわけではありません。流行すると長引きやすいので、保護者が気軽に相談できる雰囲気づくりが大切です。

保護者へ伝達

家庭で駆除に取り組んでもらう
「毎日髪を洗う」「目の細かいくしでよくすき、卵やシラミを取り除く」「卵のついた髪をカットする」「寝具をこまめに洗濯する」などで駆除します。シラミ駆除用のシャンプーは卵には効果がないため、使い方を守りましょう。

耳の下がはれて痛む

流行性耳下腺炎（おたふく風邪）

りゅうこうせいじかせんえん

かかりやすい年齢
0 1 **2 3 4 5 6**

いたい

潜伏期間
14 ～ 24 日

主な症状
- 38 度前後の発熱
- 片方、または、両側の耳下腺（耳の後ろからあごにかけてのリンパ節）のはれと痛み

登園について
耳の下などにはれが出た後 5 日を経過し、かつ、全身状態がよくなるまで登園停止。登園には医師が記入した意見書が必要。

ここが押さえどころ！

 予防

1 歳から予防接種が可能
1 歳から任意接種が受けられます。万が一かかっても、とても軽い症状ですみ、髄膜炎（p.103）や難聴などの合併症も起こしにくくなります。

♥ ケア

痛みがあるときは冷やす
特別な治療薬はありません。痛みがひどいときは鎮痛剤が処方されます。ぬれタオルで冷やすと痛みが和らぎます。

 保護者へ伝達

耳やあごを痛がるときは要注意
耳下腺のはれが小さく、医師でないと見た目ではわからないことも。子どもが耳をしきりに触ったり、「耳が痛い」「食べるときにあごや耳が痛い」と訴えたりするときは、注意が必要です。

memo

まれに髄膜炎を併発したり、難聴になったりすることも。比較的症状の軽い病気ですが、医師の指示に従って治すことが大切です。

第3章 園で流行しやすい感染症

※登園停止については、文部科学省『学校保健安全法施行規則』（平成 28 年 3 月）をもとにしています。

突然の高熱とのどの痛み、イチゴのような赤い舌

溶連菌感染症

ようれんきんかんせんしょう

かかりやすい年齢
0 1 2 **3 4 5 6**

潜伏期間

2～5日

主な症状

● 39度近い突然の発熱
● のどの痛みとはれ
● 全身に広がる、かゆみのある発しん
● イチゴ舌
● 吐き気やリンパ節のはれなど

登園について

抗菌薬を飲んでから24～48時間経過するまでは登園停止。登園には登園届が必要。

ここが押さえどころ！

 予防

発熱やのどの痛みがあれば、すぐ受診を

予防接種はありません。最初は高熱やのどの痛みなどから始まるため、風邪との見分けがつかないこともあります。発熱の症状が出た時点で、すぐに受診をすすめることで予防しましょう。

 ケア

抗菌薬を飲めば、2日ほどで登園可能

細菌が原因なので、治療には抗菌薬（抗生物質）が効果的。病院で処方された薬を飲めば、24時間以内に熱がすっと下がり、発しんも1週間ほどで治ります。ただし、その後も体の中には菌が残っているので、登園が許可された後も薬は指示どおり飲み続けます。

 保護者へ伝達

発しんをかきこわさないように注意を

発しんは非常に強いかゆみを伴います。子どもがかきこわすと発しんが悪化するので、つめは短く切ってもらいましょう。また、下着も肌を刺激しない綿製のものをすすめましょう。アトピー性皮膚炎の子は湿しんが悪化することがあります。糸球体腎炎（きゅうたいじんえん）を合併しないように、抗菌薬は最後まで飲みきるように伝えましょう。

のどの奥に水疱ができ、高熱が出る

ヘルパンギーナ

 ここが押さえどころ！

😷 予防

夏の流行の時期は注意

ヘルパンギーナは夏風邪の一種で、予防接種はありません。手洗いとうがいで予防しましょう。せきやくしゃみのほか、便からも感染します。発症から1か月くらいは便の中にウイルスが排泄されるので、おむつがえの後は、保育者はせっけんで手を洗いましょう。

 ケア

脱水に注意しながら、家庭で安静に

治療薬はなく、風邪と同じ対症療法が中心です。のどの痛みが強く、食事や水分がとりにくくなるので、味の薄いスープや麦茶、豆腐、プリンなど、やわらかくのどごしのよいものを。まったく水分をとれないときは、点滴をすることもあります。

📞 保護者へ伝達

水分補給に気を配って

夏風邪の一種でそれほど心配ありません。しかし、水分をほとんど飲めずぐったりしていたり、高熱が3日以上続いたりするときは心配です。再度受診をすすめましょう。

潜伏期間
2～4日

主な症状
● 38～40度近い突然の発熱
● のどの奥にできる小さな水疱
● 4～5日ほどで発熱とのどの痛みはおさまる

登園について
熱が下がってから1日以上経過し、普段の食事がとれるようになれば登園可能。登園には登園届が必要。

食べ物についた細菌で感染する
腸管出血性大腸菌感染症
ちょうかんしゅっけつせいだいちょうきんかんせんしょう

かかりやすい年齢
0 1 2 3 4 5 6

潜伏期間
3〜8日

主な症状
- 激しい腹痛
- おう吐や水のような激しい下痢
- 血便
- 脱水やけいれん

登園について
症状がおさまり、抗菌薬による治療が終わってから48時間以上空けて、連続2回の検便で菌がないことが確認されるまで登園禁止。登園には医師が記入した意見書が必要。

ここが押さえどころ！

 予防

食材の殺菌と、徹底した手洗いを
腸管出血性大腸菌感染症は食中毒の一つで、死に至ることもある重大な病気。子どもが感染すると特に危険です。いちばんの予防は、調理する食材によく火を通して殺菌することと、手洗いです。調理をする人はもちろん、食べる人も手を洗う習慣をしっかり守りましょう。

 ケア

抗菌薬（抗生物質）を飲んで治療する
治療は下痢に対する整腸剤や抗菌薬、点滴などによる脱水のケアが中心です。通院でおさまることもありますが、症状が重いときは入院します。

📞 **保護者へ伝達**

おう吐と下痢があったら、すぐ隔離を
おう吐や下痢を起こす病気は、腸管出血性大腸菌感染症のほかにもいろいろあります。見分けるのは難しいので、すぐにほかの子どもと離し、病院へ急ぎましょう。おう吐を繰り返し、激しくおなかを痛がるときは、救急車を呼びましょう。

memo
感染した子どもの下痢便には菌が含まれています。下痢便の処置はすばやく行いましょう。

※登園停止については、文部科学省『学校保健安全法施行規則』（平成28年3月）をもとにしています。

腸管出血性大腸菌感染症 Q＆A

死者が出ることもある腸管出血性大腸菌感染症。O157やO111といった言葉をよく耳にしますが、ほかの細菌性の食中毒とどこが違い、どう危険なのか、保護者に説明できるようにしておきましょう。

流行しやすい時期は？

気温と湿度が高くなる6月から9月ころにかけて多く発生しています。ただし、冬場でも生ものによる集団感染が発生しているので、「火を通した調理」と「手洗い」は徹底しなくてはいけません。

ほかの食中毒と何が違うの？

腸管出血性大腸菌は非常に感染力が強く、潜伏期間が短いのが特徴。感染してから3〜5日ほどで症状が現れます。菌から出されるベロ毒素などの特殊な毒素が、命にかかわる合併症を引き起こすことも。便を介して人から人へと感染するのも、ほかの食中毒にはない特徴です。

園で特に注意しなくてはいけないことは何ですか？

体力のある大人が感染してもそれほど症状が重くなりませんが、体力のない子どもや高齢者では、より症状が重くなります。食べ物からの感染のほかに、プールでの集団感染にも要注意。一人が感染していると、同じプールにいる子はほとんど感染します。水道水を入れるだけではなく、必ず残留塩素濃度をチェックし、必要な場合は薬剤を使用しましょう（p.77）。

園でもし感染者が出たら……

病院で腸管出血性大腸菌感染症と診断された子どもがいたら、すみやかに保健所に届け出なくてはいけません。そして、保健所の指示に従って、徹底的に園内の消毒を行う必要があります。

コラム 食中毒と予防法

梅雨の時期や夏の盛りは、特に食中毒の発生に注意が必要です。給食やおやつなどを扱うとき、行事などで食べ物を扱うとき、どんな点に気をつけたらいいか、要点をまとめました。

食中毒を予防するために

料理の前に

- □ せっけんと流水で手をよく洗う
- □ タオルやふきんは、乾いている清潔なものに交換する
- □ 肉、魚、卵などを扱うときは、そのつど手を洗う
- □ 食品を室内に長時間放置しない
- □ 途中でトイレに行ったり、はなをかんだりした後は、きちんと手を洗う

調理の後に

- □ まな板は台所用合成洗剤で洗い流す。その後で熱湯をかける
- □ 木製や傷がついたまな板は、菌がつきやすいので、念入りに洗う
- □ ふきんやスポンジは、水洗いした後に熱湯をかけるか、次亜塩素酸ナトリウム（200ppm に希釈した液）に 1 時間浸して消毒をする（p.127）

調理中の注意点

- □ 加熱するときは、食材の中心部まで温まるようにする（中心部が 75 度以上が目安）
- □ 電子レンジを使うときは、まんべんなく熱が通るようかきまぜる
- □ 温かい料理は 65 度以上、冷たい料理は 10 度以下を目安にする
- □ 食品を温め直すときは 75 度以上で 1 分以上温め、スープやみそ汁も沸騰させる

食品の管理

- □ 冷凍や冷蔵の必要な食品は、購入後、なるべく早く適切に保存する
- □ 冷蔵庫は 10 度以下に、冷凍庫は−15 度以下に保つ
- □ 肉や魚などは密閉し、ほかの食品に肉汁や水分がかからないようにする
- □ 食材は早めに使いきる

memo

これらの情報は保護者にも伝えて、家庭での衛生管理にも気をつけてもらいましょう。

主な食中毒の病原体

食中毒の原因となる病原体には、さまざまな種類があります。それぞれ原因となる食材や特性が異なるので、しっかり確認しておきましょう。

病原体	主な感染経路	主な症状
腸管出血性大腸菌 （ちょうかんしゅっけつせいだいちょうきん） O157、O26、O111、 O128、O145 など	井戸水、牛肉、生肉など。75度以上で1分以上加熱することで死滅する。	血便やけいれん、激しい腹痛や意識障害など
サルモネラ菌	食肉や鶏卵（けいらん）、またはそれらを使った製品で感染することが多い。常温でどんどん増殖する。	腹痛、下痢（げり）、おう吐（と）、38〜40度近い高熱など
カンピロバクター	主に鶏やレバーなどの生肉が感染源。鶏の生肉はほかの食品と接触させない。十分に加熱調理を。	発熱、頭痛、筋肉の痛み、血便など
腸炎ビブリオ	主に魚介類が感染源。魚介を調理したまな板や包丁はしっかり消毒する。	おなかの上部の激しい痛み、下痢、おう吐、発熱など
ブドウ球菌	化のうした傷口などに多い。じゅくじゅくした傷のある手で調理をすることで感染する。	吐（は）き気やおう吐、下痢など
ボツリヌス菌	ハチミツに含まれている。1歳になるまでは、ハチミツを与えないこと。	おう吐や下痢の後の、頭痛や視力低下など

突然のおう吐と下痢
感染性胃腸炎（おう吐下痢症）

かんせんせいいちょうえん（おうとげりしょう）

かかりやすい年齢
0 1 2 3 4 5 6

潜伏期間

1〜3日

主な症状

- 突然のおう吐と下痢
- まれにけいれんや脳症、腸重積などを合併することもある

登園について

おう吐や下痢がおさまって、普段の食事がとれるようになれば登園可能。登園には医師の診断を受けて保護者が記入する登園届が必要。

ここが押さえどころ！

 予防

手洗いうがいの徹底を

冬場におう吐や下痢があった場合は、ロタウイルス性胃腸炎やノロウイルス性胃腸炎を疑います。基本的には手洗いとうがいで感染を防ぎます。2か月を過ぎるとロタウイルスワクチンを公費で接種できます（2020年8月1日以降出生の場合）。

 ケア

脱水を起こさないように注意

病気にかかってしまったときは、下痢やおう吐で体内の水分が急激に失われるので、こまめな水分補給が大切。食事は消化のよいものから始めて、2〜3日かけてふつうの食事に戻していきます。

📞 保護者へ伝達

受診するときは、経緯を細かく伝える

園でおう吐や下痢をしたときは、保護者に連絡し、受診をすすめます。おう吐の回数や便の状態、尿が出ているかなどを、保護者から医師に伝えてもらうと、早く診断がつくことがあります。

早めの受診が拡大を防ぐ

1 下痢のときは「白っぽい便」に要注意

ロタウイルス胃腸炎の下痢便は、白っぽく、すっぱいにおいがするのが特徴です。月齢の低い子は自分で症状を伝えることはできないので、おむつを交換をするときに、普段と違うところがないか、保育者が確認しましょう。

> ### 下痢のときのチェックポイント
>
> □便の形や色が普段と違っていないか
> □白っぽい色をしていないか
> □おなかを痛がっている様子はないか
> □発熱やおう吐はないか

2 おう吐の様子は詳しく確認

突然おう吐し、着替えをして体を休めるとまたすぐに吐く、水をひと口飲むと、それさえも吐くほど、吐き気が止まらないのが特徴です。下痢も同様です。吐き方や回数、内容物などを観察、メモをして保護者に伝えましょう。

> ### おう吐のときのチェックポイント
>
> □おう吐物のにおい、色など
> □吐き方はどんな様子か（勢いよく吐く、だらだらと吐くなど）
> □吐いた回数

3 下痢便とおう吐物はすみやかに処理を

下痢便やおう吐物にはウイルスが大量に含まれています。まずはその場から子どもたちをすみやかに遠ざけることが大切。そして、すばやく処理していきましょう（p.162・163）。普段から処置の手順を紙に書いてはっておくと安心です。

4 吐き気をもよおしているときはだっこの姿勢で

吐き気をもよおしているときは、おう吐物が気管に詰まるおそれがあるので、だっこしてそっと背中をさすります。子どもの口の中におう吐物が残っていると、においで吐き気が誘発されるので、ぬらしたガーゼで口の中をふき取ったり、うがいができる子は口をすすぐよう促したりしましょう。

感染症を防ぐ 衛生管理

下痢とおう吐物の処理

子どもが下痢やおう吐をすることは珍しいことではありません。しかし、感染性胃腸炎などウイルスが原因の病気である場合は、そこからたちまち感染が広がります。すみやかに、正しい手順で処理しましょう。

下痢便のおむつ処理

使い捨てのおむつシートなどをしく

① 下痢をしている子を、ほかの子から離す。保育者は必ずビニール手袋をつけて、子どものおむつをかえる。

※激しい下痢のときは、マスクとエプロンも着用

② おむつをかえたら、ほかの保育者に子どもを渡す。そして、下痢便のついたおむつを、二重にしたビニール袋にすばやく入れて密閉。

③ 塩素系消毒剤を200倍に薄めた液にタオルを浸して、おむつをかえた場所をふく。

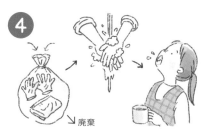

廃棄

④ ビニール手袋とふいたタオルは、袋に入れて密閉し廃棄する。その後、液体せっけんで30秒以上かけて手洗い、そしてうがいをする。

おう吐物の処理

1

ビニール手袋とエプロン、マスクを身につけ、おう吐物を布などですっぽり覆う。中央に集めるようにしてふき取る。おう吐した子どもはシャワー室などで服を脱がせる。体を洗いきれいにしたら、別室で安静にさせる。

準備しておくもの

- ●ビニール製手袋とビニール製エプロン（使い捨てのもの）
- ●マスク
- ●新聞紙やぼろ布
- ●ビニール袋（5枚ほど）

バケツに入れてまとめておく。

2

> 次亜塩素酸ナトリウム（6％原液）を300倍に薄めたもの。

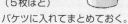

消毒剤を薄めた液に、布を浸してふく。床の目地もふき取ること。処理をしたら換気をして、30分ほどは人を入れない。

3

ふき取った布や使ったエプロンなどを、二重にしたビニール袋に入れて密閉する。保育者は液体せっけんで手を洗い、うがいをする。

ここも大切

おう吐物がついた衣服はビニール袋に入れ、密閉して保護者に渡すか、市販の塩素系漂白剤を薄めた液に30～60分ほどつけてから洗濯する。

※柄や模様が消えてしまうことがあるので、必ず保護者に了承を得ること。

✖ やってはいけないこと

- ・症状のある子どもと、そのほかの子どもをいっしょにしておくこと。
- ・おう吐物や下痢便のついた場所を、水ぶきですませること。
- ・おう吐物や下痢便のついた衣服を、通常使う水道場で洗うこと。
- ・ふき取った後の布などを、密閉した袋に入れずにゴミ箱に捨てること。
- ・処理をした保育者が十分な手洗いをしないこと。

日常の衛生管理

感染症の拡大を防ぐには、日常の衛生管理がとても大切です。流行しやすい時期だけでなく、日ごろから気をつけて、感染を最小限で食い止めましょう。

おむつ交換台

おむつ交換台は、1日の終わりに消毒剤をしみこませたタオルなどでふく。おむつ台に子どもの個人用のタオルなどをしくときは、交換台とタオルの間に、広告紙などをしくとよい。

便器

便座や男の子用の便器の周りは、消毒剤をしみこませたタオルなどで定期的にふく。保育後は床を塩素系の消毒液でふき取る。

トイレ周辺

〈水ぶき〉　　　　　　　　〈アルコール消毒〉

子どもがよく触る壁やドア、また床は、毎日水ぶきをする。ドアノブ、電気のスイッチはアルコールを含ませた布でふく。

水回り

蚊や細菌の発生につながるので、バケツなどに水をためたままにしない。また、床にこぼれた水をこまめにふくこと。

※普段の消毒にはエチルアルコールでふくだけでもよいですが、病原性の強い菌や、その菌の増殖がありそうな場所には、より強力な塩素系消毒剤を使います。

手洗い場

せっけんは液体タイプのものが衛生的。固形のものは水がたまっていると雑菌が繁殖するので、定期的にせっけん台を水洗いする。

砂場

使わないときはネットをかぶせ、四隅を押さえておく。毎朝、動物のフンや誤飲につながるものがないか確認する。

ぬいぐるみ

定期的に洗って日光消毒。おう吐物で汚れたら、市販の次亜塩素酸ナトリウムを水で300倍に薄めた液に10分つけて、水洗いをする。

そのほかのおもちゃ

木製やプラスチック製のおもちゃは、乳児クラスでは毎日、幼児クラスでは3日に1回、水洗いをする。

寝具

布団カバーなどは定期的に洗濯。布団は天日干しをする。

子どもの「手洗い」も忘れずに

保育者が環境の衛生管理に気をつけることは大切ですが、子どもが自分で体を守るということも重要です。それには、日々の手洗いが大切。3歳以上児であれば、外から帰ってきた後やトイレの後、食事の前後にしっかりせっけんで手を洗う習慣をつけていきましょう。0～2歳児はまだ上手に手洗いができないので、保育者がぬれタオルでふき取るほか、援助しながらいっしょに洗っていきましょう。

感染症を広げないために……

体調不良の子どもが安静に過ごすためにも、感染症の流行を防ぐためにも、静かに見守りましょう。

お迎えが来るまで

1 静かな場所で休ませる

保育室ではなく、事務室など別室で過ごすのが理想的。保育室で過ごす場合は、安静にできるよう、ほかの子どもが近づかないようにします。換気も忘れずに。

2 必ずつき添って、経過をメモする

看護の担当を決めて、つき添いましょう。箇条書きでよいので、経過はメモに残しておきましょう。記憶違いや伝えもれを防ぎます。

3 水分は少しずつとらせる

下痢（げり）をしたときや、熱があるときは、こまめに水分をとらせます。ただし、おう吐したときは、すぐに水を飲ませるとかえって吐き（と）やすくなるため、30分ほど様子を見ます。吐き気がおさまったら、スプーンで少しずつ飲ませましょう。

4 吐いたときは次のおう吐に備えて

感染性胃腸炎では、繰り返し吐く場合があります。様子を見る間も、つき添う保育者は使い捨てのエプロンや手袋をつけておきましょう。また、ビニール袋やキッチンペーパー、新聞紙なども準備します。

保護者が来たら

経過と園でのケアを伝える

気づいたときの状況や経過を書いたメモを渡し、詳しく伝えましょう。受診する場合は、メモを持っていくと診断の役に立ちます。

診断や医師の指示を伝えてもらう

降園後に受診するようなら、診断や、園を休む期間、再受診の指示などを園にも知らせてもらうようにしましょう。

子どもが帰宅したら

保育に戻る前の衛生管理を忘れない

子どもにつき添った保育者のエプロンには、感染源となるよだれや飛沫がついている可能性があります。エプロンを交換し、流水とせっけんで手をよく洗いましょう。

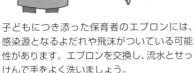

保育者は注目!

ケアする人が感染しないよう注意して

大人が感染源にならないために、保育者も、自分の母子健康手帳などで予防接種を受けたかどうかを確認しましょう。また、風しん（p.136）や伝染性紅斑（p.146）など、妊婦がかかると危険な感染症もあります。妊娠中の保育者が体調不良児のケアに当たらないよう、園全体で配慮することも大切です。

乳幼児突然死症候群（SIDS）の予防法

乳幼児突然死症候群（SIDS）とは、それまで健康状態に何の問題もなかった赤ちゃんが、睡眠中に突然死亡するという病気です。生後0〜6か月の乳児に多いといわれています。残念ながらはっきりとした原因はわかっておらず、決定的な防止策はありません。しかし、日ごろから SIDS に対して予防意識をもち続け、できる限りの危険因子を取り除く必要があります。

園での SIDS 予防策

うつぶせ寝をさせない

はっきりとした因果関係はわかっていませんが、あお向け寝に比べ、うつぶせ寝のほうが発症率が高いといわれています。特に月齢が低い乳児の場合は、うつぶせ寝をすると、呼吸がしにくくなり危険です。また、やわらかい布団やまくらを使用したり、顔のそばに人形やぬいぐるみを置いたりすることも、呼吸の妨げや窒息の原因となることがあるのでやめましょう。

室内は暖めすぎない

布団のかけすぎや、衣服の着せすぎなどによる「暖めすぎ」も、病気を引き起こす要因になるといわれています。冬場でも室内の温度が高くなりすぎないよう注意しましょう。体が冷えていないか心配なときは、首の後ろやおなかを触ってみて、冷たくなければ大丈夫です。

午睡中は子どもと同室に

子どもたちが午睡をしている間も、必ず同室で過ごすようにしましょう。連絡帳の記入なども、立ち上がってすぐに様子が確認できるよう、子どもたちのそばで行うようにします。別室にいると異変に気づくのが遅れ、その後の対応に遅れが出てしまうおそれがあります。

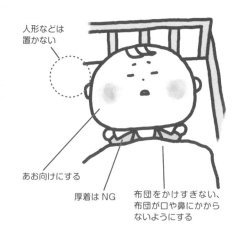

人形などは置かない

あお向けにする

厚着は NG

布団をかけすぎない、布団が口や鼻にかからないようにする

定期的に子どもの様子を確認

午睡中は必ず5〜10分おきに、子どもたち一人一人の様子を確認します。目で見るだけでなく、体に触れて胸の動きや呼吸をチェックしましょう。その際、確認する項目をリストにしておくとよいでしょう。また、いつもと違う様子や気になる症状があれば書き添えておき、確認のもれを防ぎましょう。

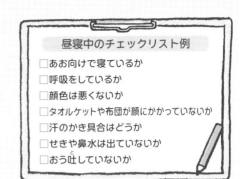

昼寝中のチェックリスト例

☐ あお向けで寝ているか
☐ 呼吸をしているか
☐ 顔色は悪くないか
☐ タオルケットや布団が顔にかかっていないか
☐ 汗のかき具合はどうか
☐ せきや鼻水は出ていないか
☐ おう吐していないか

保護者に伝えよう

家庭でできる SIDS 予防策

布団はやわらかいものよりかたいものを

布団やマットがやわらかいと、体が沈んで窒息するおそれがあります。できるだけかたいものを選びましょう。また、子どもの周りに、ガーゼなどの顔にかかるもの、巻きつくものなどを置かないよう伝えましょう。

子どものそばでたばこを吸わない

たばこの煙も危険因子の一つといわれています。母親はもちろん、家族全員が気をつけることが大切。妊娠中の喫煙も、赤ちゃんの体重が増えにくいなど、発育に悪影響があることを伝えましょう。

子どもを一人にしない

睡眠中の様子がよくわかるように、なるべく子どもと同室で寝ることをすすめましょう。睡眠中の子どもを一人置いての外出は絶対にしないよう伝えましょう。

母乳は栄養がいっぱい

栄養バランスに優れた母乳には、赤ちゃんの免疫力を高める働きがあります。さらに、母乳によって母子の密接な関係を築くことは、SIDS の予防に効果的といわれています。

保護者に伝えておくこと

保護者の中には、SIDS について知らない方もいます。普段から SIDS に対する意識を高めてもらうよう、予防策などをおたよりで伝えたり、繰り返し言葉をかけたりしていきましょう。

保育者だから気づける

子どもを虐待から守るために

園で、長い時間子どもといっしょに過ごす保育者は、子どもの発するサインに気づきやすい立場です。
虐待のサインを知っておき、気になることがあるときは一人で抱えこまず、周囲に相談しましょう。

虐待が疑われるサインを知っておく

特定のサインにとらわれず、総合的に判断することが重要です。

登園したとき

子どもは……

- ☐ 身だしなみが整えられていない
  （汚れている、体や衣類がにおう、いつも
  同じ服で季節感がない　など）
- ☐ 不自然なあざやけががあり、理由を聞いて
  もごまかす、つじつまが合わない
- ☐ 登園が遅い、休みが多い

保護者は……

- ☐ 保育者と話そうとしない
- ☐ 保育に必要なものをそろえない、不衛生な
  ものを持参する
- ☐ 仕事の都合にかかわらず、毎日、時間いっ
  ぱい子どもを預ける
- ☐ 子どものあざやけがについて、説明が合理
  的ではない、子どもの言うことと矛盾する

休み明けは＋アルファのチェックを！

休み明けには、子どもの様子をよく見ましょう。いつもと異なるサインが表れることがあります。

- ☐ 休み中、どのように過ごしたか聞いても、
  「何もない」などと言って答えない
- ☐ 家で子どもだけで過ごすことが多い
- ☐ おむつかぶれや傷、あざがひどくなって
  いる
- ☐ 空腹がひどい、いつもと食べる量が違う

保育中

- □ 保育者が腕を上げたときに過剰に反応する
- □ すぐに「ごめんなさい」「怒らないで」と言う
- □ 感情の起伏が激しい
- □ 元気がなく表情がとぼしい、反応が鈍い
- □ 過剰に、しつこく甘えてくる
- □ 言葉づかいやあそび方が乱暴
- □ 衣類の下など、体の見えにくいところに傷やあざがある
- □ 着替えるのをいやがり、傷を隠そうとする

食事のとき

- □ 朝からおなかが空いている、異常な食欲を見せる
- □ 落ち着いて座って食べることができない

午睡のとき

- □ 寝つきが悪い、眠れない、うなされる
- □ 保育者のタッピングをこわがる

お迎えのとき

子どもは……

- □ 保護者が迎えに来ても喜ばない、帰りたがらない

保護者は……

- □ お迎えに遅れることが多い
- □ 保育者が子どもの様子を伝えても、関心がない
- □ 子どもに怒鳴ったり、命令したりする
- □ 無表情で先に出ていき、子どもが走って追いかける

発育測定や検診も大切なポイント

園での検診で、成長に遅れが見られる、虫歯が多いのに放置されているといったことが、虐待を疑うきっかけになるケースがあります。一方、保護者があざやけが、発育不良などを発見されるのをおそれて、測定日や検診日に子どもを休ませることも少なくありません。

園で子どもの様子が気になるときには、検診の状況、3歳児健康診査や予防接種を受けさせているかどうかなどもチェックし、総合的に判断しましょう。

一人で判断せずに園内で**相談**

　虐待かどうかという見極めは、とても難しいものです。判断できないときは、一人で抱えこまずに、必ず園長や同僚に相談しましょう。大勢の目でその子や保護者の様子を見ることで、さらに詳しい状態に気づくことができます。また、園長がさりげなく保護者に声をかけることなどで、適切な判断につながる場合があります。

A君の様子で
少し気になるところが
あるんですが

疑いのあるときは、**児童相談所**に通告を

　虐待かもしれないと感じたときは、疑いの段階でもよいので、園長から児童相談所に通告しましょう。その際に「虐待の判断に迷うのですが……」と、正直に相談することも可能です。

　児童相談所では、通告者が特定されるような情報をもらしてはいけない決まりになっており、また、通告を受けてから48時間以内にその子の安否を確認することになっています。虐待でないと判断されたとしても、とがめられることはないので、保育者はすみやかに通告しましょう。

児童相談所

躇躊（ちゅうちょ）よりも「子どもの命を守る」視点を大切に

虐待の判断はとても難しく「もし違っていたら」と、通告を躇躊する気持ちはわかります。また、家庭にどこまで踏みこんでいいのか、保護者との関係が悪化する心配もあるでしょう。しかし、園がいちばんに守らなくてはならないのは「子どもの安全と命」です。ためらうことで命が危険にさらされることのほうが重大です。その視点をしっかりもって取り組みましょう。

見守りは、専門機関を活用しながら

　今や、虐待は園だけで取り組める問題ではありません。児童相談所をはじめ、地域の保健センターや児童館、福祉事務所、カウンセリング機関などのさまざまな専門家と連携して、長期的な視野で親子を見守っていくことが求められています。保育者が保護者のサポートをしようと専門外のことまでがんばりすぎたり、反対にそれぞれが専門の領域に専念したりしていればいいわけではありません。定期的に顔を合わせてお互いの情報を交換しながら、歩調を合わせて支援していきましょう。

保育者ができる「気になる保護者」への対応

1. 毎日、子どもを園に連れてきてもらうことを目標に

たとえ遅刻しても、お迎えが遅くても、園にいる間は子どもの安全は守られます。まずは園に来てもらうことを目標にしましょう。

2.「困った人」で、保護者を切り捨ててしまわないで

おかしいな、困ったなと感じられる保護者の行動の裏には、だれにも言えない SOS が隠れています。そういう人ほど、注意して見守ることが大切です。

3. 園で会ったら保護者に必ず声をかけて

会うたびに声をかけ、コミュニケーションを図りましょう。保護者に「あの先生だけは受け入れてくれるかもしれない」と感じてもらうことで、園に足を向けてもらえるようになることが大切です。

4.「実は……」と話してもらえる存在になる

保護者から気軽に話しかけてもらえる関係を目指しましょう。「最近どうですか？」と気軽に聞いて、「実は……」と話してもらえたらひとまず安心。「この先生になら話せる」という存在になることが、第一歩です。

さくいん

174

175

●監修
高見 剛（たかみ たけし）
代々木上原こどもクリニック院長
東京医科大学 小児科思春期科 兼任教授
主な著書に『赤ちゃんのために知っておきたいこと』
（株式会社PHPエディターズ・グループ）など。

●編者
株式会社 WILL

● staff
編集・デザイン・DTP／株式会社 WILL
カバーイラスト／上原ユミ
本文イラスト／ 今井久恵・赤川ちかこ・大森巳加
斉藤みお・鈴木みゆき
編集協力／原かおり・中村緑

編集担当／田丸智子（ナツメ出版企画株式会社）

ナツメ社Webサイト
https://www.natsume.co.jp
書籍の最新情報（正誤情報を含む）は
ナツメ社Webサイトをご覧ください。

本書に関するお問い合わせは、書名・発行日・該当ページを明記の上、下記のいずれかの方法にてお送りください。電話でのお問い合わせはお受けしておりません。
・ナツメ社webサイトの問い合わせフォーム
https://www.natsume.co.jp/contact
・FAX（03-3291-1305）
・郵送（下記、ナツメ出版企画株式会社宛て）
なお、回答までに日にちをいただく場合があります。正誤のお問い合わせ以外の書籍内容に関する解説・個別の相談は行っておりません。あらかじめご了承ください。

0〜5歳児 ケガと病気の予防・救急まるわかり安心BOOK 第2版

2012年 3 月 8 日　初版発行
2021年 8 月 1 日　第 2 版 第 1 刷発行
2024年 5 月10日　第 2 版 第 4 刷発行

監修者　高見 剛
発行者　田村正隆

Takami Takeshi, 2012,2021

発行所　株式会社ナツメ社
東京都千代田区神田神保町1-52 ナツメ社ビル1F（〒101-0051）
電話　03（3291）1257（代表）　FAX　03（3291）5761
振替　00130-1-58661
制　作　ナツメ出版企画株式会社
東京都千代田区神田神保町1-52 ナツメ社ビル3F（〒101-0051）
電話　03（3295）3921（代表）
印刷所　ラン印刷社

ISBN978-4-8163-7054-0

Printed in Japan

〈定価はカバーに表示しています〉
〈落丁・乱丁本はお取り替えします〉
本書の一部または全部を著作権法で定められている範囲を超え、ナツメ出版企画株式会社に無断で複写、複製、転載、データファイル化することを禁じます。